なぜかクラスがうまくいく教師の ちょっとした習慣

俵原正仁
Tawarahara Masahito

学陽書房

まえがき

　私は、若い先生によく話します。
「教師っていいよぉ。
　一年一年、年をとるごとに楽しくなっていくよぉ。」
　本当にそうなのです。
　とくに、40歳を過ぎた頃からがやばいです。(おっと、若者のまねをして書いてしまいました。書き直します。)
　とくに、齢40歳を過ぎさりし頃から、いとおかしです。(今度は、古すぎました。しかも、微妙に間違えていそう。)
　まぁ、何はともあれ、年をとるごとに教師生活が楽しくなっているのは、本当です。
　でも、なぜ、俵原は、教師の仕事が一年一年楽しくなっていったのでしょうか？
　それは、あることに気がついたからです。
　"GOALは、HAPPY ENDに決まっている。"
　HAPPY ENDをめざしてがんばろう…ではないのです。「決まっている」のです。
　つまり、「最後は、必ずハッピーエンド」なのです。
　楽しくないはずありません。
　たとえ、途中に苦しいことがあっても、ゴールはすでに決まっているのですから、立ち向かっていく気にもなれます。
　自分を、楽観的に、そして、客観的に見ることができるのです。

　いま、若い教師の人たちは「クラスをまとめる」ことに苦しんでいるようです。実際にいろいろな場所で、悩んでいる教師の人たちの話を聞きます。でも、そういう人たちにも「教師っていいよぉ。」と私はまず言いたいのです。

もちろん、教師としての力量はアップさせていかなければいけません。多くの技も必要になってきます。
　精神論だけでクリアできるほど、教育の世界、教師の世界は甘くないです。
　私自身、教師生活25年の間に、多くの先生と出会い、多くの刺激を受け、多くのことを学んできました。そして、何よりも多くの子どもたちから学ばせてもらいました。

　この本は、そうした若い先生のために、とりわけクラスをまとめるための方法、子どもの心をつかむための方法をまとめた本です。とくに第2章以降は、1日の流れに沿って、クラスをまとめるために担任のすべきことが具体的に書かれています。
　朝の時間に、何をすべきか。
　休み時間に、気をつけることは何か。
　給食の時間は、どうする？
　放課後、教師はどうあるべきか。
　このような内容が、1冊にまとまっている本は、今まであまりなかったはずです。もちろん、教師の仕事において大きなウエイトをしめる「授業の時間」についても力を入れて書かせてもらいました。

　原稿を読んだ人はこう言いました。
「まるで、ある日の俵原先生の学級にいるようだ。」
　そうです。
　すべて、教室で実践済みの品質保証つきです。

　それでは、引き続き本編をお楽しみください。

　　　　　　　　　　　　　　　　　　　　　　たわらはら　まさひと
　　　　　　　　　　　　　　　　　"たわせん"こと　俵原　正仁

なぜかクラスがうまくいく教師のちょっとした習慣　●目次

まえがき ── 2

第1章　クラスをまとめたければ「普通の子」に注目せよ！

目立たないごく普通の子こそ意識せよ！
〜「Bの視点」のススメ〜 ── 10

1　まずは、全員に声をかけよう！── 12
2　やんちゃな子にも、有効な「Bの視点」── 14
3　なんでもない時の行動に着目せよ！── 16
4　まわりの子こそほめよう！── 18
5　伸びたか・伸びていないか？── 20
6　友だちのがんばりを認められる子に ── 22
7　楽しく叱って、パイプをつなぐ ── 24

COLUMN 1　プロ教師なら朝に必ずやること10箇条 ── 26

第2章　授業の時間にこそ、子どもとつながろう！

授業の時間に、子どもとつながりましょう ── 30

1　とにもかくにも名前を呼ぼう ── 32
2　あいさつのススメ ── 34

3 　授業の最初は、今日は何の日？ ── 36
4 　ほめてほめてその気にさせる ── 38
5 　机間巡指でほめまくる！ ── 40
6 　丸つけ・ノート指導はその場主義 ── 42
7 　赤ペンでプラスアルファしましょう ── 44
8 　ノート指導の裏技?! ── 46
9 　ぱらぱらマンガ風花丸で意欲もアップ ── 48
10　教師の指名には意図が
　　なければいけません ── 50
11　指名バリエーションいろいろ ── 52
12　「指名なし」への道 ── 54
13　発表した子だけをほめすぎない ── 56
14　個と集団を使い分けよう！ ── 58
15　「ホワイトボード」で盛り上げよう ── 60
16　「おもしろグッズ」で盛り上げよう ── 62
COLUMN 2　授業の基本は、まず声を出すこと ── 64

休み時間は子どもと関係を
つくる最大のチャンス！

休み時間は休み時間ではありません ── 68
1 　意味のない会話で子どもたちとつながる ── 70
2 　意図のある会話で子どもを伸ばす ── 72

3 遊びを仕組んで子どものよさを見つけよう！── 74

4 けんか発生！
ウソでもいいから、笑顔をつくれ ── 76

5 けんか発生！
まずは、一人ずつ話を聞こう ── 78

6 けんか発生！
悪かったことを語らせる ── 80

7 けんかをしないのが、
友だちではありません ── 82

COLUMN 3　教師の笑顔が子どもたちを笑顔にします ── 84

第4章　給食・そうじの時間が秩序をつくる！

まず教師が「あるべき姿」をイメージしよう ── 88

1 給食の時間は、班の中に飛び込もう ── 90

2 このお代わりなら公平でしょ？ ── 92

3 たわせん流給食当番のシステム ── 94

4 ラスト5分は、シ～ンタイム ── 96

5 そうじの時間はまずは、教師が動く！ ── 98

6 「なんちゃって自問清掃」── 100

COLUMN 4　朝の時間に鍛える集中力 ── 102

第5章 教師同士の絆が深まるとクラスもまとまる！

　　放課後は、教師と教師との絆を深める時間 —— 106
- 1 放課後の散歩で情報収集 —— 108
- 2 プラス20％で、GIVE&TAKE —— 110
- 3 「嫌い」な人がいない職員室に —— 112
- 4 自分だけの教科書づくり —— 114
- 5 一枚ものにまとめよう —— 116
- 6 そうだ！　図書館に行こう！ —— 118
- 7 A or B発問で、討論開始！ —— 120
- 8 なんでもいいから記録に残そう —— 122
- 9 家に帰ってからも教師であるべき —— 124

COLUMN 5　子どもの書く力を育てるために —— 126

あとがき —— 128

第1章

クラスをまとめたければ「普通の子」に注目せよ!

第1章　クラスをまとめたければ「普通の子」に注目せよ！

目立たないごく普通の子こそ意識せよ！
～「Bの視点」のススメ～

● 「クラスの子全員を常に意識しなさい」とえらい先生は言うけれど…

　40人全員をいつも頭の中に意識し続けること…たぶんできないはずです。どうしても抜け落ちてしまう子が出てきます。
　私もそうでした。
　ある時、抜け落ちてしまいがちな子を書き出してみたことがあります。すると、あることに気がつきました。
　抜け落ちてしまいがちな子は、「B」ZONEの子が多いのです。
　そして、そのことに気づいた時から、私は、クラスの子全員を意識することができるようになりました。

● それって、どういうこと？

　学級の子どもたちを粗く三つのZONEに分けてみると、次のように分けることができます。
　　A～学校生活に意欲的な児童
　　C～学校生活に意欲的ではない児童
　　B～AでもCでもない児童
　Aの子というのは、毎年ほめられ続けてきたような子です。だから、ますます学校生活に意欲的になっていきます。先生にも自分から近づいていきます。教育実習生や新任の先生はこの「A」ZONEの子どもしか目に入らなくなります。もちろん、この段階では「全員を意識す

る」なんて、遠い遠い道のりです。

　逆に、「C」ZONEの子というのは、毎年叱られ続けているような子です。だから、ますます問題行動を起こしたり、勉強にもやる気をなくしていったりするのです。自分自身が昔やんちゃをしていて、この子たちの気持ちがとてもよくわかるような新任の先生や、ちょっと教師として経験を積んできたりすると、この「C」ZONEの子に対しても意識が届き始めます。ただ叱るだけでなく、この子たちのいいところを伸ばしてあげようと必死になるのです。ただ、「C」ZONEの子にかかわりすぎて、逆に「A」ZONEの子から反発を食らうようなことも出てきます。

　しかし、ある程度勉強をしていけば、「C」ZONEの子を気にしながらも、「A」ZONEの子が不満を持たないような術も身につけることができるはずです。

　でも、これではまだ全員を意識しているとはいえませんよね。

●そう、「B」ZONEの子どもたちの存在を忘れているからです。

「叱られることもないけど、ほめられることもない」

　言い換えれば、「B」ZONEの子というのは、教師との接触が非常に少ないということです。休み時間も自分から教師に近づいてくることもありません。かといって、問題行動を起こすわけでもないので、教師から近づくこともないのです。

　「A」ZONEや「C」ZONEの子は、教師が意識しなくても目に入ってきます。…ということは、

 Bの子を意識すれば、全員を意識することができる

というわけです。そして、その結果、クラス全体がまとまります。
　みなさんも、**「Bの視点」**からクラスづくりを始めてみませんか？

1 まずは、全員に声をかけよう！

信頼のパイプをつなぐはじめの第一歩

★ 俺のことをわかってる？！

4月末の家庭訪問での話です。
ある子のお母さんと次のような会話をしました。

「うちの子は、内弁慶なもので、毎年、先生からおとなしいタイプと思われているんですが…。」
「実は違うんですよねぇ。」
「そうなんですよ。始業式の日、うちの隼人が学校から帰ってくるなり、『今度の先生、違うわぁ。俺のことをわかってる。』って、うれしそうに私に話しかけてきたんですよ。」
「へぇ、そうなんですか。私もなんかうれしいです。」
「で、私もこう言ったんですよ。『さすが、たわせんだね』って。まぁ、私は俵原先生のことはほとんど知らないんですけどね。」
「ハハハハハ〜〜！」

実は、ここには私が学級経営上、非常に重視しているポイントが入っています。「『俺のことをわかっている』と言われるぐらい、子ども理解をしている」ということではありません。もちろん、それは大切なことです。
でも、残念ながら今回の場合は少し違います。

★ 正直に言うと…

　お母さんからこの話を聞くまで、いや聞いてからも、彼に何を言ったのか全然覚えていないのです。いやはや、ダメな教師ですねぇ（笑）。
　でも、子どものやる気は一気にアップしています。そして、お母さんも喜んでいます。信頼のパイプがつながったわけです。では、答えは何かというと、**「隼人くんに『俺のことをわかっている』と思わせた」**ことです。ここのところが重要なのです。
　なぜ、このような善意の勘違いが成立したのでしょうか？
　もちろん理由があります。意識された教師の動きがあるからです。

 始業式当日、私が全員の子に話しかけていた

ということです。「全員」というところがポイントです。全員に話しかけていたからこそ、内弁慶な隼人くんにもヒットしたわけです。

ライブ会場でファンを虜にするアイドルの視線もそうですよね。

> **Point**　まずは、全員に声をかけましょう。時間のない始業式の日でさえも、Bの子を意識すれば全員に声をかけることができます。

2 やんちゃな子にも、有効な「Bの視点」

やんちゃな子へのアプローチのしかた

★ やんちゃな子、つまり、Cの子は、とにかくほめればいいのか？

　違います。
「とにかくほめる」という意識は、「ほめなければいけない」という意識につながります。
　そうなると、どうしても、いい行動をした時に、（もしくは無理矢理ほめる材料を見つけて）ここぞとばかりに飛びついてしまいます。この教師の行動は、子どもにとっては、非常にわざとらしく感じます。
　子どもの世界では、わざとらしさや嘘は通用しません。
　とくに、「C」ZONEの子どもたちは、この手の教師のわざとらしさには敏感です。
「とにかくほめる」という単純な意識でほめていると、逆に「C」ZONEの子は離れていくわけです。
　もちろん、いい行動をした時にはほめてもかまいません。ほめることがいけないのではなく、**「わざとらしさ」がいけないのです。**
　だから、自然な感じで近づいていければいいのですが、これが意外と難しいのです。
　いい行動がひんぱんにあれば、近づく回数も増え、わざとらしさもなくなるのですが、いい行動なんて、普通、ひんぱんにはありません。
　そして、そのうち、教師もほめるのをあきらめてしまいます。
　このようなことでは、信頼のパイプがつながるはずありません。

★ どうすれば、自然な感じで近づけるのか？

「C」ZONEの子といっても、「今年はがんばるぞ。」と一念発起して、いい行動が続くわけでもないし、かといって問題行動ばかりを起こしているわけでもありません。学校で過ごすほとんどの時間は、そのどちらでもない普通の行動のはずです。「Bの視点」でいう「B」の行動です。

つまり、自然な感じで「C」ZONEの子に近づくには、

**AやCの行動をした時以外の、
Bの行動の時に、近づいていけばいい 。**

ということです。こうすることで、その子とのかかわりあいの回数を増やすことができ、教師とその子との間に信頼のパイプをつなぐことができるのです。

いかに自然に近づくかがポイントです。あせらずに、一歩、一歩。

> **Point**
> 「B」の行動を意識すれば、子どもの動きが変わってきます。
> とくに、「C」ZONEの子には有効です。

第1章　クラスをまとめたければ「普通の子」に注目せよ！

3 なんでもない時の行動に着目せよ！

やんちゃな子へのアプローチのしかた～実践編～

★ 信頼のパイプをつなぐためには

　では、「C」ZONEの子への対応を具体的に述べていきましょう。
　私は、ある年、佐山くんという子を担任することになりました。
　始業式の日、最初の出会いは、名前を呼びかけるだけでした。
「おはよう、佐山くん。」
何気なく、さりげなく。
「んっ？」
　チラッと私の顔を見て、目をそらす。こんな感じの反応でした。
「先生から、おはようって声かけられたら、返事しないといけないじゃないか。やり直し！　ほら、やってみよう。」
　というようなことを若い頃だったら言っていたでしょう。しかし、この反応は、ある程度、予想通りでしたので、返事が返ってこなくても、目くじら立てずに、そのまま佐山くんの横を通り過ぎました。
　そして１週間が過ぎました。あいかわらず、「んっ？」というような反応が続くのですが、その時の表情が少しずつ変わってきたのです。
「そうか、佐山くん、車好きなんだ。」
「今日は、暑いよなぁ。」
「あっ、髪切ったの。いいかんじだよ。」
　あいさつの他にも、一言つけ加えていくようにしました。
　もちろん、授業中にもコンタクトをとっていきます。 指名しまくるわけではありません。机間巡指（P.40参照）の途中に話しかけるので

す。
「ていねいな字だね。」
「おっ、昨日よりもたくさん書けているぞ。」

　このように佐山くんとは距離感を保ちながらも、コンタクト回数は増やしていきました。すると、5月も中頃、佐山くんの方から、休み時間などに話しかけてくるようになってきたのです。

距離感が縮まってくるにしたがって、彼の行動も変わってきました。

　算数の時間を中心に学習にも意欲的に取り組むようになりました。
　そして、なんと2学期には、女子の有志が企画した「男の子、女装大会」に、「佐山くんもやってよ。」と推薦を受け、素直に参加。クラスをわかせてくれました。めでたし、めでたし（笑）。

もちろん、この後、佐山くんは女装の森から帰ってきました（笑）。

> **Point**　何気なく、さりげなく、Bの状態の時に近づいていきましょう。反応に対して、一喜一憂せず長い目で見ることが大切です。

4 まわりの子こそ ほめよう！

すべての子と信頼のパイプをつなぐために

★ おまえら、よう我慢しとる！

　ある年のたわせん学級では、お笑い係が大活躍をしていました。
　この日も、お笑い係の鈴木くんがひとしきりクラスをわかせた後、野球ひとすじの高田くんが一言言いました。
「ほんとに、鈴木くんってすごいな。こんなクラス、ほかにないよ。」
　確かに、鈴木くんはすばらしい。いつも、前に出てクラスのみんなをわかせてくれている。休み時間にも遊ぶことなく一生懸命台詞の練習をしていた。一見、高田くんの言葉には否定されるところは何もありません。しかし、この時、私は、彼の言葉を否定しました。
「いや、高田くん。それは違う。」
　たわせんは何を言い出すんだ！　一瞬、クラスの空気が変わりました。
「確かに、鈴木くんはすごい。でも、それ以上にすごいのは、それを楽しそうに見ている君たちです。」
　またまた、空気が変わりました。
　ただし、それは、ほっとしたというか、予想外のところから認められて、うれしいというかそんな空気。ちょっと、ジ〜ンとしたいい感じでした。…と、それもつかの間、鈴木くんは私の話にかぶせるようにこう言ったのです。
「ほんまや、おまえら、よう我慢しとる。（よく我慢して俺につき合ってくれる。）」

★「お笑いをする人＞お笑いを見る人」という概念崩し

　この例は、「A」ZONEの子（お笑いをする人・意欲的な子）よりも「B」ZONEの子（お笑いを見る人・自分から進んで前には出ないが、マイナスのオーラも出さない子）を意識しているというものです。
　また、Aの行動（みんなから賞賛されるような行動）よりもBの行動（誰もがしている行動）に着目しているともいえます。たとえば、第2章の「発表した子だけをほめすぎない」という事例も、この視点に基づいたものです。

 「B」ZONEの子を意識せよ。Bの行動に着目せよ。

「Bの視点」を意識すると、すべての子どもとパイプをつなぐこともできるのです。そして、その結果、すべての子どもたちが伸びていきます。

笑ってくれる人あっての笑いです。まさにお客様は神様です。

Point　「お笑いをする人＞お笑いを見る人」ではありません。お客様は神様です。神様なんだから大切にしましょう。

5 伸びたか・伸びていないか？

指導の軸がぶれない教師の評価規準

★ 何で、俺だけ？

　こういうことって、ありませんか？
　昨年度まで学校に来ることができなかった垣原さん。
　4月からは、担任も替わり、クラス替えもあり、心機一転。
　がんばって、学校には来るようになりました。
　ただ、やはり1年ほど学校に来ていないとなると、ほかの子にはついていけない場面がいろいろと出てきます。たとえば、勉強です。わからないから…というのもあるのでしょうが、授業中、ノートを開こうともしません。もちろんほめられた行動ではありません。ところが、担任としては、もう垣原さんが学校に来ているだけでうれしいものですから、とくに厳しく注意もしません。ついつい垣原さんに甘くなってしまいます。
　それに対して、隣の子とおしゃべりをしていてノート作業をしていなかったほかの子に対しては、厳しく注意します。
　注意された子は、こう感じます。
　「同じことをして、垣原さんは怒られないのに、自分は怒られる。不公平である。先生は、ひいきをしている。」
　最初の頃は、垣原さんのことを温かい目で見ていたクラスの子どもたちも次第に不満を募らせていきます。垣原さんのまねをして、ノートを開かない子が出てくるかもしれません。
　「ぼくだけじゃないよ。垣原さんも開けてないもん！」

★ 教師の意図を子どもに伝える

　教師の対応は、どこで間違ってしまったのでしょうか。
　実は、対応自体はほとんど間違っていないのです。
　私も、この先生と似たような対応をすると思います。ただし、「ついつい甘くなってしまう」のではありません。だから、子どもたちにつっこまれても、指導の軸がぶれることはありません。それは、教師の評価規準を4月当初、次のように宣言しているからです。
　先生は、君たちのことをできたか・できていないかで評価しません。

 先生は伸びたか・伸びていないかで評価します。

　だから、垣原さんの場合、学校に来て授業中教室にいることだけで、むちゃくちゃ伸びているということができます。それに比べて、注意された子は、伸びているどころか悪くなっています。**教師の対応が変わるのは、当然のことです。**

がんばったから、鼻の下が伸びるぐらいいい気分になれたわけです。

> **Point**　「できたか・できていないか」では、すべての子どものがんばりに対応できません。「伸びたか・伸びていないか」で対応しましょう。

6 友だちのがんばりを認められる子に

「伸びたか・伸びていないか」教師の語りが子どもを変える

★ あなたは、人生のピークが6年生でいいのですか？

　宣言には、もちろん続きがあります。**子どもたちには、なぜ先生が「伸びたか・伸びていないか」にこだわるのか話をします。**
　「漢字テストで今まで10点だった子が、がんばって練習して70点を取ったとします。また、ずーっと100点だった子が、練習不足から90点を取ったとします。どちらの方がえらいと思いますか？」
　ほとんどの子は70点の子に軍配を上げます。
　「先生も君たちの考えと同じです。伸びたか・伸びていないかを評価するというのはそういうことなんです。」
　それでも、なかには、70点と90点とでは90点の子の方がいいと言う子もいるでしょう。
　そう考えても当然です。
　実際、通知表では90点の子の方がいい成績をもらえます。
　そのことを認めた上で、このように付け加えます。
　「70点より90点の子の方がいい成績をもらえるのは事実です。でも、90点の子の力は伸びていません。それに比べて、70点の子の力は伸びています。このまま、90点の子の力は伸びずにいて、70点の子の力は伸び続けていくとどうなりますか？　いつか追い抜くでしょうね。
　あなたは、人生のピークが6年生でいいのですか？」
　この言葉に反論する子はいないはずです。
　このような語りで、

「伸びたか・伸びていないか」にこだわれ

ということを子どもたちの中に入れていきます。

そして、子どもたち自身にも自分の行動を振り返る時の指針にさせるのです。たとえば、100マス計算がそうです。「昨日よりたくさん問題ができた人？」と聞きます。「100点だった人？」とは聞きません。そうじの振り返りでもそうです。「昨日よりも、しっかりそうじができた人？」と聞きます。いつも、こう聞くことによって、この評価規準が子どもたちの中に入っていくのです。自分自身の行動が変わってきます。

そして、友達を見る目も変わってきます。先の例でいえば、垣原さんのことを、心から「すごい！」と認めるようになってきます。

変な優越感や劣等感を持つことがなくなってくるのです。

学び続ける者のみ教える資格あり。教師人生のピークはまだまだ先にあり。

> **Point**　「伸びたか・伸びていないか」にこだわると、クラスの雰囲気が良くなってきます。そして、子どもたちの力が伸びていきます。

7 楽しく叱って、パイプをつなぐ

子どもとの絆を深めるちょっと変わった叱り方

★ 世の中には、「子どもを叱ったことがない。」という先生がいます

もちろん、叱らないにこしたことはありません。ただ、それは

 叱ってはいけないということではありません。

　少し前の、卒業式の練習の時間での話です。
　私は、6年生の担任。全体の指導をしていました。
　そして、5、6年合同で卒業式の練習という日の1時間目のことです。
　実は、この年の5年生は例年になくやんちゃな学年でした。
　そこで、私はクラスのお笑い係でもある宮戸くんと、前日、あらかじめちょっとした打ち合わせをしていました。1時間目の6年生だけの練習も終わり、あと10分ぐらいで5年生が体育館に入ってきます。5年生を迎える6年生の心構えとして、次のような話をしました。
「次の時間から、5年生も卒業式の練習に参加します。5年生が、6年生の君たちとは真剣度が違うのは当たり前です。ただし、5年生は君たちを見ています。君たちの真剣度が5年生に伝わるのです。つまり、5年生の態度が悪いというのは、6年生の真剣度が足りないからです。」
　子どもたちは真剣に話を聞いています。
「だから、5年生の態度が悪かったり、空気がだれているなと感じた

ら、思いっきり6年生を…（話を止めて、まわりを見回す。）
　宮戸〜っ、指一本動いとるやないかぁ〜っ。話聞いとけっ！」
「はいっ！（サッと立ち上がり、泣きそうな声で）すみませ〜ん。」
　一瞬、空気が凍りつきそうになりましたが、これこそが打ち合わせしていた小芝居。子どもたちもすぐに気づき、笑い声が起こりました。
「…という感じで、これを、先生と宮戸くんでやるから、本番では笑わないでくださいね。」
　そして、本番。
「宮戸〜っ、指一本動いとるやないかぁ〜っ。やる気あるんかぁ!!!」
「はっ、はいっ！　すみませ〜ん。」
　5年生の動きが一瞬にして止まりました。
　そして、6年生の肩はかすかにふるえていました。
　おもしろいでしょ。こんな叱り方もあるんですよ（笑）。

年に1度のサプライズ！　いつもいつも、こんなことはしていません（笑）。

Point　烈火のごとく叱る必要性がある時も、小芝居をしているかのように、冷静に…（別に、小芝居はしなくてもいいんですよ・笑）

COLUMN ①
プロ教師なら朝に必ずやること10箇条

◆**プロの教師になりたいなら、たとえ朝に弱くてもこれだけは！**

　私は、毎朝1日も欠かさずに、以下の10箇条をおこなっている。
「自分は、プロの教師である」という確固たる信念なくしては、到底25年間も続けることはできなかったであろう。

　ただ、以下に述べる10箇条をやり続けたことで、今の私があることは、明白なる事実である。

　若い先生方も、鋼の精神力でクリアしていただきたい。

1．朝、自分一人で起きる。
2．布団から出る。
3．着替える。
4．朝ごはんを食べる。
5．歯磨きをする。
6．トイレに行く。
7．靴を履いて出かける。
8．学校のある場所へ向かう。
9．まちがえず、学校に着く。
10．確実に自分の教室に行く。

　　（とくに、難易度が高いのが1である。一人が難しければ、誰かに手伝ってもらってもよい。）

◆**なんじゃ、こりゃ！…と、つっこめたあなたは大丈夫（^o^）**

　はい、どうもすみません。
　当たり前のことばかりですね。
　でも、クラスがうまくいかなくなると、この当たり前のことができなくなるんですよね。
　朝、起きられなかったり、食欲がなくなったり、学校に行くのが怖くなったりするわけです。
　つまり、「なんじゃ、こりゃ！」「当たり前じゃないか。」と、つっこめたり、これを見てププッと笑えるような余裕のある人なら、たとえ、今、クラスがうまくいってないな…と感じていても、大丈夫。
　絶対にクラスはよくなります。
　最後まで、この本におつきあいくだされば…。（笑）

第2章

授業の時間にこそ、子どもとつながろう!

第2章◎授業の時間にこそ、子どもとつながろう！

授業の時間に、子どもとつながりましょう

●授業の時間は、学力を伝達するだけの時間ではない

学校は、「学ぶ」ところです。だから、

授業の時間というのは、学力をつける時間である

ことに間違いはないのですが、ただそれだけでもありません。
　私は、授業時間を次のように考えています。

授業の時間というのは、子どもたちと仲良くなる時間である。

　とくに、4月…いや1学期間はこの思いが強いです。
　この時期は、何よりも、まず**子どもたちと教師の間に信頼のパイプをつなぐことが大切**だからです。
　そして、そのために何よりもいいのが、授業の時間なのです。
　だから、4月の時期には、私自身、「子どもたちの学力を伸ばしてやろう」という意識はあまりないのです。（子どもたちとの間に信頼のパイプがつながると、教師の話もすっと入っていきますし、子どもたちのやる気もアップしますので、結果的に学力も伸びていきますが）。

●なぜ、授業の時間にこそ子どもとつながるのか？

　先生にとって、気になる子がいるとします。
　その子に、いつ話しかけますか？
　休み時間に話しかけますか？

では、その子は、休み時間、先生の前にいますか？
　いない場合はどうしますか？
　追いかけていきますか？
　ちょっと無理ですよね。
　でも、授業中なら、その子も教室にいるはずです。
　休み時間なら教師から離れていく子でも、（特別な理由がない限り）授業の時間には、とりあえず椅子に座っているのです。
　しかも、話題はいろいろとあります。
「７×７の答えはなんですか？」
「この時のスイミーの気持ちは？」
「定規を使って書いているのがすばらしいね。」
　教材を通じて、話すことができるからです。
「休み時間なのに、なんでわざわざ先生がやってくるの？」
というようなわざとらしさもありません。
　だから、授業の時間なのです。
　教材を介して、子どもたちとつながることができるからです。

●信頼のパイプをつなぐことが子どもを伸ばします

　もちろん、「学力をつける」ことは大切なことです。
　ただし、教師がガンガン圧力をかけて詰め込んだとしても、それは本当の学力とはいえないのではないでしょうか。そのようにして身につけたものは、必ずリバウンドがあるからです。どこかで無理が出てきます。そう考えると、遠回りのようでも、まず教師と子どもたちが信頼のパイプでつながることが、実は**「学力をつける」**ための近道だったりするわけです。

1 とにもかくにも名前を呼ぼう

「○○くん、おはよう！」 名前＋あいさつで、つかみはオッケー

★ 名前を呼んで子どもたちとつながりましょう！

名前を呼ぶ。
このことを意識するだけで、子どもとの距離はぐっと近づきます。
そして、子どもたちとのつながりのパイプは太くなっていくのです。
あなたは、1日に何回ぐらい子どもたちの名前を呼んでいますか？
学期はじめでしたら、1日10回を目標にしたらどうでしょうか。
もちろん、クラスの子全員にです。
つまり、

 全員の子の名前を1日10回言う

ということです。
　30人以上のクラスでは、少しハードルが高い目標かもしれません。でも、人数の多いクラスの担任ほど意識してがんばってほしいのです。（人数の少ないクラスですと、自然に一人ひとりに目が届きます。意識しなくてもクリアできているはずです。）
　実際にできます。私のクラスは、なぜかここ数年、40人近い児童数が続いているのですが、クリアしています。
　教師がやろうと意識すれば、大丈夫。
　鋼の精神力はいりません（笑）。

★ 名前を呼びかけるバリエーションで簡単クリア

　１日の間に、名前を呼びかけるチャンスはいくつもあります。
　バリエーションはいろいろあるのですが、
　基本技は、「名前＋なんらかの活動」の組み合わせです。
　つまり、朝の場合は、次のようになります。
「前田くん、おはよう！」（名前＋あいさつ）
　授業中なら、こうなります。
「高田さん、どうぞ。」（名前＋指名）
「山崎くんのノート、ていねいだね。」（名前＋ノート指導）
　これなら、休み時間や給食時間、そうじ時間など多くの場面で名前を呼ぶことができるはずです。簡単でしょ。

大人でも名前で呼びかけられると、うれしいものですからね。

> **Point** 名前を意識することで、子どもたちとのつながりはぐっと深まります。

2 あいさつのススメ

あいさつは、やる気と元気のキャッチボール

★ 気持ちのいいあいさつは、プラスのエネルギーを運ぶ

　斎藤孝氏は、コミュニケーションを「意味と感情のやり取り」と定義しています。
　コミュニケーションの基本中の基本、あいさつもまさにそうですよね。
「おはようございます！」
　元気のいいあいさつをされると、なんとなくしんどい朝でも、元気のおすそ分けをもらった気分になって、なぜか元気になるものです。
　気持ちのいいあいさつは、プラスの感情も伝えてくれるからです。

　私は、子どもたちにも、このことをよく伝えます。
「元気のいいあいさつをされると、とても気持ちがいいですよね。それは、**あいさつにのって元気の「氣」が相手に伝わる**からなんですよ。」
　そして、いつも元気のいい藤原くんにこう言います。
「藤原くんのあいさつはとてもいいですよね。君の元気ややる気が先生にビンビン伝わってきます。これからもこの調子でがんばってくださいね。」
　当然、藤原くんは大張りきり。クラスのほかのメンバーもそのいい流れに乗って、クラスの中に元気のいいあいさつが飛び交います。ボルテージが一気に上がります。
　…と同時にやさしい木村さんに次のように言うこともあります。

「木村さんのあいさつは、やさしさが伝わってきて、温かい気分になるね。」

★ 子どもから先にあいさつされたら、倍返ししましょう！

　最初のうちは、教師から子どもたちにあいさつすることも多いでしょうが、教師があいさつを続けているうちに、だんだんと子どもたちから教師に対してあいさつをしてくるようになるはずです。
　その時、私が気をつけていることがあります。それは、

 あいさつの倍返しをしよう！

ということです。すでに別の項で述べていますが、あいさつに、その子の名前をプラスしたり、一つ二つ話題をつけくわえたり、2倍元気な声であいさつしたりするということです。プラスのエネルギーをこちらから倍返しするのです。

倍返しといっても、声の大きさを倍にすることではないですよ（笑）。

> **Point**　「あいさつは、やる気と元気のキャッチボール。」子どもも教師も意識することで、普段のあいさつが変わります。

3 授業の最初は、今日は何の日？

待たないことで、授業が締まる

★ 時間がきたら、待たずに始める

「さて、問題です。**今日は何の日でしょう?**」
「は〜い。」
　一斉に手が挙がります。子どもたちはクイズが大好きです。
　私は、ちょっと長めの休み時間やそうじの時間の後などに、この「今日は何の日」クイズをよくおこないます。まだそうじ場所から帰ってきていない子がいても、待たずに始めます。
　参加していなくても、授業の本筋から遅れることはないのですが、知的好奇心をくすぐる楽しい学習（？）ですので、参加している子はなんだか得をした気分になります。大事なのは、

 時間を守っている子が得をするという状況を作る

ことです。だんだんと人数がそろってきたら、ヒントを出していきます。
　そして、子どもたちの予想したものを4択（3択でも5択でもオッケー）の解答に残していきます。予想の中に正解がなくてもかまいません。必ず、四つ目の最後の選択肢は「④その他（ここに正解はない）」というものを入れておくからです。
　全員がそろったら、答えを聞いて終わります。
　ロスタイムなく、授業に入っていくのです。

★「今日は何の日」の裏のねらい

　このクイズは、次のようなルールでおこなっています。

●**ルール1　漢字は□、それ以外は○**：それ以外というのは、「ひらがな」「カタカナ」「数字」「アルファベット」などのことです。たとえば、「大化の改新」の場合「□□○□□」となります。このルールは、ほかの教科でもキーワード探しのヒントなどに使えます。

●**ルール2　その時間の準備をしていないものには解答権はない**：次の授業の準備というのは大切なことです。でも、クイズの答えを言いたくてしかたがないやんちゃな子は、これができていないことが多いものです（笑）。教師がマイナスのオーラを出すことなく、学習準備が整います。一見すると、全員がそろうまでの時間稼ぎにしかみえない実践にも、それだけではない裏のねらいというものもあるのです。

時間を守る子が得をする。そんな工夫が大事です。

Point　待たずに、楽しく知的なクイズ。裏のねらいで子どもたちを育てる

4 ほめてほめて その気にさせる

○○くんをプロデュース！（授業編）

★「資料集の魔術師」誕生!!

「いやぁ、さすが休み時間も見てるだけあるね。鈴木くんは、資料集の魔術師やね。」

実は、この鈴木くん、休み時間、ただ単にやることがなかったので、自分の席で資料集を眺めていただけだったのです。

私は、その様子を見て、社会の時間、資料集を見て答えられるような問題を出した上で、鈴木くんを指名したのです。

私のこの一言で、クラスの中に「鈴木くんは、資料集の魔術師」という認識が広がりました。

もちろん、鈴木くんの意識の中にも、「自分は、資料集を使うのが得意なんだ」という自覚が芽生えました。この自覚は、それまでは、どちらかといえば授業には消極的だった鈴木くんを変えてくれました。

社会科の時間を中心に、意欲的に学習に取り組むようになってきました。周りの見る目も変わり、友だち関係も広がっていったのです。

このように、**ある子に焦点を当てて、その子のいいところをみんなに広めていくこと**を、私は、

❗ ○○くんをプロデュース

と呼んでいます。**プロデュースで、子どもの居場所をつくるのです。**

★ キャッチコピーをつけて、広げていこう！

　プロデュースの第一歩は、子どものがんばりやいいところを教師がまず見つけることです。そのためには、子どもたちをよく見ていなければいけません。

　そして、がんばりやいいところを見つけることができれば、次はわかりやすい言葉で、**キャッチコピーをつける**のです。

　たとえば、先のページでも紹介した「資料集の魔術師」のようなものです。ほかにも、「音読回数チャンピオン」「発言やる気200％」「辞書使いのプロ」のようなものがあります。

　ただ気をつけなければいけないのは、**気になる子だけにこだわってはいけない**ということです。一人の子にこだわりすぎると、逆にその子が浮いてしまい、逆効果になってしまうからです。

先生は、子どもをその気にさせるプロになろう！

Point 子どもにプラスの価値づけをして、プロデュースしていきましょう。その子の居場所ができて、やる気も倍増します。

第2章　授業の時間にこそ、子どもとつながろう！……39

5 机間巡指でほめまくる!

そのためにも、机間巡指は超高速移動

★ 机間巡指で子どもたちとつながりましょう!

「では、自分の意見をノートに書いて下さい。時間は5分間です。」
　子どもたちにこう告げた後、あなたはどうしますか?
　黒板の前に立って、子どもたちの様子をじっと見ていますか?
　それとも、気になる子の机に直行しますか?
　机間巡指をしてください。

❗ クラス全員を廻って指導するのが「机間巡指」です

　机間巡指をしながら、子どもたちに次々と声をかけていきます。
「すごい!　もうこんなに書けたの?」
「この考えは君しかいないよ。」
「友だちの意見も書いているなんてすごいね。」
「とりあえず、"私は…"まで書いてごらん。」
　ほとんどその場に止まらずにノートを見て声をかけていきます。
　5分間もあれば、少なくとも教室内を3周ぐらいできるはずです。
　3周もすれば、どの子にも一度は声をかけられると思います。
　机間巡指で子どもたちとつながるのです。

★ 2回廻ると、がんばりが見える

「おっ、さっきよりたくさん書いている。」

2回目に視て、たとえ1文字でも多く書けていたらほめることができます。

だからこそ、1回のノート作業中に少なくとも2回以上廻らなければいけないのです。

スピードアップせよという理由の一つはここにあります。

このように、机間巡指の声かけの原則は、**「がんばりを認めてほめること」**です。

ほめられていやな気はしません。

当然、子どもたちと教師との信頼のパイプは太くなります。

子どもたちのノートの質も変わってきます。

本当に、落書きをほめてはいけませんよ（笑）。

Point 机間巡指でほめて、ほめて、ほめまくる。子どもが変わる。ノートも変わる。

6 丸つけ・ノート指導はその場主義

その場で評価することで子どもを伸ばす

★ お持ち帰りノート評価は、子どもにとって有効ですか？

　放課後、教室からふうふう言いながら、30冊以上のノートを抱えて職員室に降りてきて、丸つけをおこなう。そして、丸つけが終わらなかったノートを持って帰るものの、家では疲れて何もできず、そのままノートを学校に持ってくる。あえて重い荷物を持ち運んで体を鍛えているとしか思えない…そんな先生を見たことはありませんか？

　私はあります。…というか、自分もそうでした（笑）。誰しも経験のあることでしょう。放課後に（または家で）子どもたちのノートをていねいに見て、赤ペンを入れる。悪いことではありません。びっしり書かれた先生からの言葉は、子どもたちもうれしいでしょう。

　ただし、「子どもを伸ばす」という点からいうと、もっと効果的な方法があります。

　それが、**動体評価**です。子どもが動いている、

❗ その場で丸をつけ、評価していく

のです。子どもにとっては、自分の動きがその場で評価されます。2日後に評価されるよりも、子どもたちの中にすっと入っていきます。さらに、場合によっては、よりよい動きも示唆されます。すぐにやり直しがきき、定着させることもできます。お持ち帰りもしなくてすみますし（笑）。

★ 子どもにとってわかりやすい基準と声かけで、オッケー

　動体評価といっても、難しく考えることはありません。
　一番簡単な例でいえば、**「おっ、いいねぇ。」と声をかける**だけでもいいのです。声をかけられた子は、「そうか、これでいいのか。」とわかるわけです。
　さらに、「この調子で、あと3個書いてごらん。」と付け加えれば「そうか、あと3個がんばろう！」とやる気も出てくるのです。このやる気は、お持ち帰りノート評価だと出てきません。
　そして、その子が3個書いてきたら、またほめるのです。この次は3個といわず、もっと書いてくるはずです。
　やっていることが違っていても、最初の段階でやり直しができます。これもお持ち帰りノート評価では間違ったまま何日も過ごすことになるのです。

その場、その場での対応力も身につきます。

> **Point**　動体評価で、その子に応じた声かけをおこないましょう。お持ち帰りノート評価ではできない指導がその場でできます。

7 赤ペンでプラスアルファしましょう

ノート指導でやる気がアップ！

★ 声かけ＋赤ペン指導＝やる気倍増

　前ページの例「声をかける」は、動体評価の１番シンプルな形です。「声をかける」だけですから、時間はほんの２、３秒あればできます。「ノート作業→机間巡指」などのような、短時間に多くのノートを見て回る時におこなうといいでしょう。
　これとは違い、もう少し動体評価に時間がとれる時もあります。
　たとえば、「書けた人から先生の所にノートを持ってきてごらん。」というような時です。
　せっかく時間がとれるのですから、**ちょっとしたプラスアルファを赤ペンで入れていくといいでしょう**。ただ、長々と文字を書くほどの時間はありません。時間をかけすぎると、ノートを持ってきた子どもたちの長い長い列ができて、自然と教室が雑然となります。
　「うわぁ、たくさん書けたね。10個１番乗り！」
というように、

> ❗ **がんばっているところを一言言いながら、丸をつけていくのです。**

　文字で書くべき内容をその場で言うわけです（即興力は必要ですが、教師も楽でしょ？）。
　とくにいいことを書いている子には、**一声かけながら、花丸**をしま

す。「今のところ、花丸は君だけです！」
　子どもたちのやる気は、さらにアップします。

★ 花丸バリエーションいろいろ

　高学年の場合、花丸ではなく、「B」「A」「AA」「AAA」のような赤ペンを入れることも多いですが、ちょっとした工夫で、高学年でも花丸を喜んでくれます。
　次のようなバリエーションがあります。

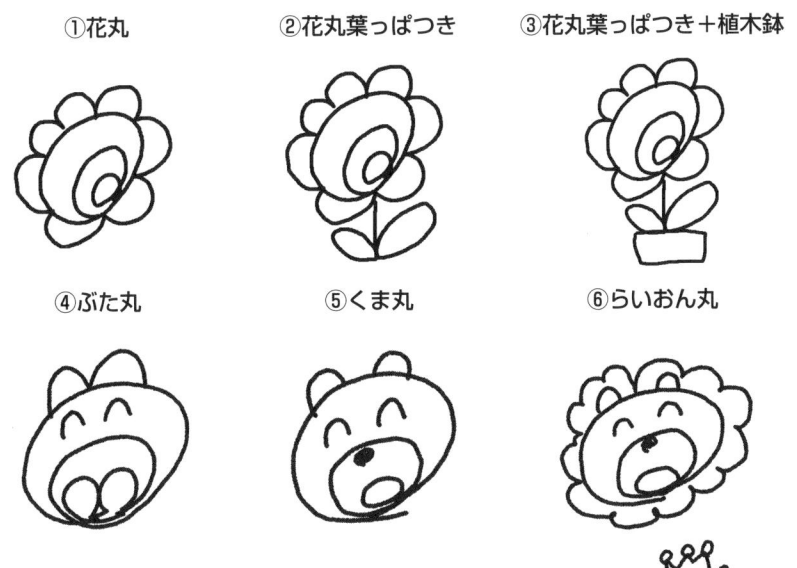

①花丸　　②花丸葉っぱつき　　③花丸葉っぱつき＋植木鉢

④ぶた丸　　⑤くま丸　　⑥らいおん丸

※がんばった子には、ぶた丸に、王冠をつける王様バージョンもあります。

Point　時間の余裕がある時は、赤ペンのプラスアルファを。子どもも先生も、楽しく、楽して、効果倍増！

8 ノート指導の裏技？！

1冊終われば、ご褒美イラスト！

★ ノートが終われば、ご褒美イラスト！

「先生、ノート1冊終わりました。」
という声を聞くとなんだかうれしくなりませんか？
　その子が一生懸命勉強したという感じが伝わってくるからです。
　ところが、勉強に苦手意識を持っている子ほど、このノートづくりが苦手です。いくら、「ノートはゆったりと使うんですよ。」と教師が口をすっぱくして言っても、ちまちま、ゴチャゴチャと書いてしまい、ノート1冊はなかなか終わりません。
　しかし、私のクラスでは、どんどんノートが消費されます。
　その秘密は、これ。
　新しいノートになったら、

❗ **表紙（や裏表紙など）に、マンガの主人公やアニメのキャラクターなど、その子の希望する好きなイラストを描いてあげているのです。**

　やんちゃな子もまじめな子も一生懸命ノートづくりをおこないます。イラストを描いてほしい…という外発的動機づけからのスタートですが、結果として子どもたちの力は伸びていきます。

★ 教師の得意なことで、子どもたちを楽しませる

「イラストが描けない」という人は、達筆な字で新しいノートに名前を書いてあげるもよし、シールを貼ってあげるもよし、自分の得意なこと、できることで子どもたちを喜ばせてあげればいいのではないでしょうか。「アメとムチ」でいうところの、完全に「アメ」でつっている実践ですが、そういうものがあってもいいと思っています。

ただし、「ていねいな字で書く」「日にちを書く」などのノートづくりの基本はしっかりと教えておかなければいけません。なかでも、**「その時間の課題や発問は必ずノートに書く」**というルールは、教師が「写しなさい」と言わなくても、子どもたちがサッと動き出せるようになるまで、しつこいぐらいに徹底しています。

以前「サンゴヘビ」という実在のマニアックな動物を描いたこともありました。

Point 時には、「アメ」を使うことも必要です。ただし、子どもたちが伸びる効果のある使い方をしましょう。

9 ぱらぱらマンガ風花丸で意欲もアップ

たくさん書きたくなる花丸指導

★ 日記の花丸にひと工夫

　前ページでも書いているように、私のクラスでは、ノートを早く終わらせようと、日記や自主勉強のノートを何ページも何ページもがんばって書いてくる子が何人もいます。
　たとえば、ある子が日記を6ページ書いてきた場合、どんな「花丸」をつけますか？
　私は、1ページごとに丸をつけていきます。
　ただし、どのページにも同じ丸をつけていくのではありません。

> ❗ **1ページごとに丸が変わっていきます。**

　ぱらぱらマンガのように**ストーリー性のある変化**をつけていくのです。といっても、時間をかけてじっくりと書くのではありません。下記のように誰でも簡単に書けるようなものです。

①丸	②花丸	②花丸葉っぱつき
1ページ目	2ページ目	3ページ目

★ 続きが見たくて、量が増える

たくさん書けば書くほど、花丸ストーリーは進んでいきます。

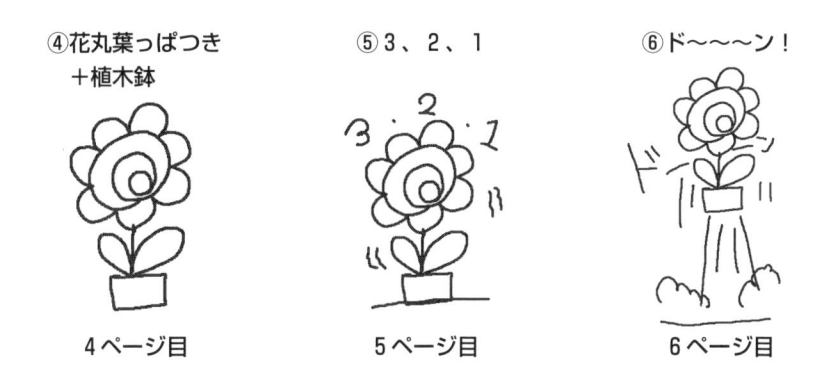

④花丸葉っぱつき
　＋植木鉢

4ページ目

⑤3、2、1

5ページ目

⑥ド〜〜〜ン！

6ページ目

　子どもたちは、さらに**先を見たくなり、ますます書いてくる**ようになるのです。この後は、どこかの惑星に着陸させたり、ロボットに変形したりします。（空を飛ぶのではなく、地下を進む逆バージョンもあります。）

7ページ目

8ページ目

9ページ目

Point

休み時間など、子どもたちが見ている場で書いてあげると、ライブ感覚も増して、効果倍増。ほかの子もどんどん書くようになってきます。

10 教師の指名には意図がなければいけません

「わかる人？」「はい。」「では、○○くん」だけでは困ります

★ 教師の指名には、意図がなければいけません

　教師の行動には、すべて意図があります。
　もちろん、指名もそうです。
　指名することによって、**子どもたちを伸ばそうという意図**がその裏になければいけません。
　当たり前のことですが、一人ひとり、子どもたちは違います。
　そして、同じ子どもでも、その日によって、また、教科によって、様子も違ってきます。そう考えれば、いつも同じパターンでの指名をしていて、いいはずがありません。

❗ 教師は、いろいろな指名のバリエーションを持っていなければいけません

　たとえば、オーソドックスな「子どもの挙手」「教師の指名」「発言」という流れも、「机間巡指」を「子どもの挙手」の前に入れることによって、教師の指名が意図的な指名に変わってきます。
　また、発言したことが間違っていた場合、（机間巡指等で、次の答えが正解だと確認した上で）同じ子を何度も指名する**「リベンジ指名」**という指名方法もあります。間違えた子にとっては、失敗体験で終わることなく、成功体験で授業を終えることができます。やる気をアップさせるという教師の意図がそこにあるわけです。

★ 挙手しない子にはどうすればいいのでしょうか

　いつもいつも手を挙げている子だけを指名していると、発言者に偏りが出てきます。そこで教師はこう考えます。
「いろいろな子に発言してもらいたい。」
　そのような意図から、「手を挙げていない子を指名する」という指名方法を選択することって、ありますよね。
　しかし、手を挙げていない子にとっては、指名されることはかなりプレッシャーを感じることなんです。
　そこで、そのプレッシャーを少しでも減らすために、私は**「ある規則性にそって指名する」**という方法をよくとります。
　1番わかりやすいのが列指名です。「前から順番に指名する」という規則性に従って指名していくわけです。もちろん、ほかにもいろいろとバリエーションはあります。（続きは、WEBで…ではなく、次のページへ。）

ややこしすぎるのも問題です。たまにはいいかもしれませんが（笑）。

> **Point**
> なんとなく…や、元気のいい子を中心に…で、子どもたちを指名していませんか。そこに、教師の意図がなければいけません。

11 指名バリエーションいろいろ

ちょっとした工夫で楽しさ倍増

★「ある規則性にそって」指名のいいところ

ある規則性にそって指名することの最大の利点というのは、

> **❗ 子どもたちに、心の準備時間をあげることができる**

という点です。前ページに例としてあげた「列指名」の場合、
「今、自分の二つ前の席の子があてられているから、次の次には自分があてられるんだな。」
と、予想することができます。発言することに抵抗感を感じている子にとっては、いつあたるかわかるという安心感はとても必要です。（ただし、「ぼくはあたらないな。」と油断している元気者に急にあてて、教室内に緊張感を持たせることも、また別の意味で大切です。）

私は、この列指名の時に、次に指名する子に下のように話しかけることがあります。
「長井くん、次、誰があたると思う？」
「えっ、ぼく…ですか。」
「正解！　よくわかりましたね。天才！（「わかって当たり前だよ。順番に当てているんだから」という空気から教室内に笑いが起こる）」
「では、長井くんどうぞ。」

発言者の緊張感を緩和し、教室も和やかな雰囲気になります。そして、この行動は、**予想する力を伸ばす**という布石にもなっています。

★「ある規則性にそって」指名バリエーションいろいろ

「列指名」は、座っている順番に指名していくのですから、次に誰が指名されるかは一目瞭然です。子どもたちが慣れてきたら、時にはちょっとパターンを変えてみるのも、おもしろいです。

1. **ピンボール指名（ななめ指名）**：縦や横ではなく、ななめに指名していきます。席の端まで指名が進み、跳ね返っていきます。この跳ね返り方がピンボールみたいで子どもたちは喜びます。
2. **桂馬指名**：将棋の桂馬の動きで指名していきます。最初のうちは、子どもたちはこの規則性がわからず、きょろきょろしながら、次は誰が指名されるのか予想しています。そこがおもしろいです。
3. **お名前指名**：赤松くんや黒川さんのように名前に色がついている子ばかり指名していきます。これも最初のうちは子どもたちが気づきません。名前に「数字が入っている」「動物が入っている」などもオッケーです。

たまには、ここまで凝ってみるのもおもしろいかも。

> **Point**
> 「ある規則性にそって」指名は、発言が苦手な子にとって、やさしい指名です。しかも、ちょっとお遊びを入れることによって、楽しさ倍増。

12 「指名なし」への道

黒帯教師しかできない？　そんなことはありません！！

★「指名なし発表」のいいところ

　なんといっても、指名のバリエーションの最終形態といえば、「教師が指名しない」という指名方法です。

　さらに、これには**「子どもが相互に指名する」**と**「（教師も子どもも）まったく誰も指名しない」**という二つの方法があります。「子どもが相互に指名する」という方法は、私は好きではありませんので割愛。ここでは、後者の**「まったく誰も指名しない」**という方法について述べていきます。

　この方法は、教師が指名しなくても、意見を言いたい子が自主的に立って発表するという方法です。発言者が重なった場合は、アイコンタクトなどで譲り合います。「教師が指名する」というタイムラグが起きないため、この方式に慣れたクラスでは同じ時間内における発言数はぐっと増えます。さらに、

> ❗ **「発言者を増やす。発言を譲る（または自分が出る）ために、周りを見ることができる子を育てる。」**

といった利点があるのです。教師の出番は非常に少なく、子どもたちだけで授業が進むのです。新任の頃、私はこのような授業を見て、いかさまだと思いました。でも、大丈夫です。「指名なし」に至る道筋はちゃんとあります。いかさまではありませんでした。

★「指名なし」のために気をつけること

　まず、指名されれば答えることができるだけの力を子どもたちが持っているという前提条件が必要です。全員がこれをクリアしていれば、全員発表になりますし、3人しかクリアしていなければ、3人の指名なし発表（←これはいけませんけどね。）になります。

1. **1回目の発言者が優先**：このルールは、教師が指名する場合も徹底しておくといいでしょう。指名に関する不公平感も出なくなります。
2. **最初は小集団から**：たとえば、4人班でおこなう。次は、8人で、というようにして、最後にはクラス全員でおこなうといいでしょう。
3. **教師は、ほめまくる**：第1発言者や発言権を譲った子、発言者がとぎれた時に動き出した子などをほめていくと子どもたちの動きも変わってきます。

この後、譲った子をほめまくります。

Point　「指名なし」を取り入れると、授業がダイナミックに動き出します。ただし、「指名なし」に教師がこだわりすぎてもいけません。

13 発表した子だけをほめすぎない

周りの子を育てると、全体が育つ

★ 聞いている子のほうがエライんです！

　子どもたちの意識の中には、次のような式が成り立っていることが多いようです。
「発表をする人＞発表を聞く人」
　いや、子どもたちだけでなく、教師の中にもそう考えている人がいるかもしれませんね。
　でも、そうではないのです。
　まずは、この概念を崩すことが大切です。
　では、どうしたらいいのでしょうか？
　簡単です。

❗ 発表をしている子と同じだけ、聞いている子をほめればいいのです。

「今の隼人くんの発表はよかったですね。
　でも、その隼人くんの発表をうなずきながら聞いていた木村さんもよかったです。木村さんのようにしっかりと聞いている人がいるからこそ、発表も生きてくるんです。」
　とくに４月当初には、意識して聞き手をほめることをおすすめします。発表する子ばかりにスポットをあてていると、発表する子が固定化して、ほかの子から浮いてしまう場合があるからです。

★ 聞き手が育つと発表する子がドンドン増える！

　逆に、聞き手を育てていくと、どんな発表をしても、みんながしっかり聞いてくれるので、自信がなくても発表してみようかなという気になるようです。

　発表をする子ばかりほめていたら、逆に発表をする子が減っていくのに対して、**発表をしない子をほめていくと、発表をする子が増えていく**のですから、おもしろいものです。

　意欲のある子、目立っている子、表舞台にでてくる子だけを認めるのではなく、それを支えている子も認めていく。そして、そのことに価値があると伝えていく。

　これこそが、笑顔あふれる学級づくりのための法則なのです！

そうなんです。すべての子どもにスポットライトを。

Point 教師の目に飛び込んでくる子だけほめていると学級は育ちません。すべての子を意識できる教師の芽を育てましょう。

14 個と集団を使い分けよう！

意識しておこなえば指導効果倍増

★ 集団を意識して個を指導する

　たとえば、「5年生、しっかり整列しなさい！」という指導よりも、「浜田くん、しっかり整列しなさい。」のほうが、子どもたち全員に意識をさせやすいということです。
　「5年生」という漠然とした名称だと、意識の弱い子ほど「自分が言われているのではない」と感じてしまいます。
　実際はできていないのに、「自分はできている」と感じている子もいるでしょうし、自分ができていないけれど、「先生には、ばれていない」と感じている子もいるでしょう。ところが、

> ❗ **具体的に「浜田くん」という名前が出てくることによって、自分との比較ができるようになります。**

「自分は、浜田くんよりもできていない。」
「浜田くんが見つかっているのだから、自分も見られているはず。」
と感じるようになるのです。
　自覚することができれば、行動は変わってきます。
　そして、**行動が変わった一瞬を見逃さず、すかさずほめていくので**す。簡単に行動が変わった場合、簡単に元の悪い状態に戻ります。だから、よくなった一瞬を見逃してはいけません。ここでしっかりいい行動をほめて、集団のベクトルをいい方向に向けていくのです。

★ 逆もまた真なり…個を意識して、集団を指導する

　反対に、まだピンポイントでの指導はこの子にはうまく入りづらいな、という時には、全体に指導して個人の意識をうながします。実は、やんちゃな子ほど叱られ慣れていますので、集団を指導していても、「これは自分のことじゃないかな？」と何となく気づくようです。当然、「先生は全部知ってますよ〜。」というような顔はしておかなければいけません。（たとえ、知らなくても…笑。）

　面と向かって注意されたわけでも、怒鳴られたわけでもありません。だから、この方法だと自分を守るために、まわりをごまかす必要もありません。すっとその子の意識の中に入る割合は高くなります。

　このような間接的な指導方法は、教師と子どもたちとの間に信頼のパイプがまだ不十分な時に有効な方法です。

この域まで達することができれば、もはや名人級!!

Point 　常に、「個」と「集団」の二つを意識して指導をおこないましょう。プラスの雰囲気をかもし出しながら…。

15 「ホワイトボード」で盛り上げよう

「かぶっちゃ、や～よ。」と「ちがっちゃ、や～よ。」

★ 100円ショップで、これを見かけたら、即買いです！

　100円ショップで、ファイルやブックスタンド、プラスチックのかごなどをゲット。教室の環境整備などにうまく活用している若い先生も多いようですが、私が一押しの商品はこれ。

❗ 100円ショップのホワイトボード

です。
　もし、店にまとまった数（クラスの班の数＋1ぐらい）があれば、即買いです。（別に、種類が違ってもいいのなら、少しずつ買い足していってもいいんですけどね。）10班あっても、1000円ちょっとで買えるのですから、安いものです。
　さて、このホワイトボードですが、非常に使い勝手がいいんです。
　いろいろな場面で活用することができます。
　「さて、問題です。豊臣秀吉がおこなった政策は、太閤○○○。さて、なんでしょう？」
　ただ、単に答えを書かせるだけでも、子どもたちのノリは全然違います。クイズ番組の解答者の気分になるからです。（答えは、「太閤けんち」。続いて「豊臣秀吉の必殺技は？」「お昼ご飯は？」「イスは？」とたたみかけます。答えはこの見開きページのどこかに。）

★「ホワイトボード」でさらにエンターテイメント

　教師の問いに対して、単に解答ボードに使うだけでもいいのですが、さらにエンターテイメント色を強めたい人は、班対抗のクイズ合戦形式にすれば、さらに盛り上がります。

「かぶっちゃ、や～よ。」という方法もその一つです。

　教師の問いに対して、子どもたちは答えを書くのですが、たとえ正答を書いても、ほかの班の答えと同じ（かぶる）と得点になりません。

「では、問題です。教科書に載っている幕末に活躍した人といえば、誰？　せ～の、かぶっちゃ、や～よ。」

　1班「坂本龍馬」、2班「勝海舟」、3班「西郷隆盛」、4班「勝海舟」、5班「木戸孝允」、6班「西郷隆盛」

　この場合、「坂本龍馬」と「木戸孝允」を書いた班が得点になります。

「ちがっちゃ、や～よ。」は、この逆。同じだったら得点になります。

子どもたちが気をつかってくれるということは、いいことです（笑）。

> **Point**　授業で使えるおもしろグッズはほかにもたくさんあります。常にアンテナの感度を強くしておきましょう。

（60頁の答え：太閤パンチ　太閤ランチ　太閤ベンチ ←くだらないでしょ・笑）

16 「おもしろグッズ」で盛り上げよう

「効果音CD」と「ピンポンブー」に「両面マグネットシート」

★ 100円ショップでは、売ってませんが…

「次は、明日の日直です。」
　その日の日直の子が割りばしでつくったくじを引きます。
ダダダダダダダダ〜、ジャン！
「18番。明日の日直は、佐山さんです。」
　終わりの会のひとこま。私の学級では、次の日の日直はくじで決めています。**そのときに必要なのが、BGM。そこで必要なのが、盛り上げ効果音が入ったCD。**パーティグッズを売っている店やインターネットなどで購入できます。
　理科の演示実験には、手品でおなじみの「オリーブの首飾り」。
　算数の計算練習には、テレビドラマ「ガリレオ」のテーマ曲。

> **いろいろなBGM用の音源をそろえておくと、授業中も大盛り上がり。**

　終わりの会だけでなく、授業中も大活躍のマストアイテムです。
　高学年ぐらいになると、教師がBGMの用意をしなくても、係の子が効果音係として進んで仕事をしてくれます。（子どもたちの活躍の場も増え、ほめる回数も多くなります。）
　また、正解の時のピンポ〜ン、間違った時のブ〜の音を簡単に出すことができる**ピンポンブー**というグッズもおすすめです。

★ 両面タイプのマグネットシートもおすすめの一品

授業にも係活動にも大活躍するグッズといえば、もう一つあります。**両面タイプのマグネットシートでつくったネームプレート**です。

片面タイプに比べると、少し値ははりますが、ここは「えいっ！」とがんばって、両面タイプを購入して下さい。使い勝手がまったく違います。

1. **授業で使う**：とくに活躍するのが、討論の時間です。黒板に自分の意見を書いて、このネームプレートを貼ります。Aの意見は表の白色で、Bの意見は裏の黄色で貼る…というような使い方や、授業の最初と最後で意見が変わった人は色を変える…というような使い方をします。
2. **係活動チェックに使う**：係りの仕事をしたら、ネームプレートを裏返す…というものです。誰がしていて、誰がまだしていないのか一目瞭然です。係活動に対する意識も変わってきます。

実話です。音量にはご注意ください。

Point 具体的なものがあると、子どもたちの動きが変わってきます。動きが変わってくると、意識も高まってくるようです。

COLUMN ❷
授業の基本は、まず声を出すこと

◆音読をてきとうにするなんて、MOTTAINAI！

声を出すことによって、全員参加の授業形態をつくることができます。

しかも、友達と声をそろえて音読することによって、クラスの一体感も出てきます。

さらに、知識の定着、確認までもできるのです。

こんなにいいことばかりの学習活動なのに、音読の扱いは意外とぞんざいなことが多いようです。
（とりあえず、誰かを指名して音読をさせる。）
「はい、木戸くん、教科書48ページを読んで。」
「はい、えっと…、ごん、ぉま…いだったのか…。」
「もっと大きな声で！」
「は、はい…。」
（どよ～んとした空気が教室に流れる）
といったような風景です。
ほんと、MOTTAINAI！

教師のやり方一つで、子どもたちの元気の氣を音読で一つにまとめることができます。まずは、音読指導の基本「Repeat after me」をいろいろな場面で活用してみましょう。

◆Repeat after me.…まずは教師がお手本を

英会話ではおなじみのこのフレーズ。音読指導の基本ともいえる指導方法だと私は考えているのですが、とくに高学年の教室では軽視されがちです。（音読という活動はさせているものの、音読指導をしているという意識が教師にな

いからでしょう。)

　しかし、高学年でも最初はこの「Repeat after me音読（略して、RAM音読）」をしていかなければいけません。高学年でも音読が苦手な子はいます。声を出すことに抵抗感を感じる子もいるでしょう。だから、まず教師が声を出す必要があるのです。イントネーションをとらえて、リズムに合わせてテンポよくクラスのみんなと気持ちをそろえて読むことによって、音読に対する苦手意識も消えてきます。

　まずは、教師の範読をまねてすらすら読むことができることをめざしましょう。

　そして、どの教科でも音読をしましょう。

◆RAM音読ですらすら読めるようになったら、次のステップ

　RAM音読は大切です。

　ただ、いつもいつも同じメニューでは、子どもたちも飽きてきます。

　そこで、教師は、いくつもの音読指導バリエーションを持つ必要があるのです。

　まずは、RAM音読の進化形（もしかしたら間違った進化？）

カミングス〜ン音読

を紹介します。

　これは、音読の一部を洋画の予告編でよく聞く「カミングスゥ〜〜〜〜ン」のような感じの英語なまりで読んでみるというものです。

　だいたいキーワードを際だたせて読みますので、算数や社会、理科など国語の時間以外によく使う音読です。

COLUMN 2

　たとえば、次のような感じです。算数、立体の見取図の学習です。
「直方体や立方体などの全体の形がわかるように書いた図をミトリィズゥゥゥ（見取図）…といいます。」
　子どもたち、大爆笑。ニコニコ笑顔で調子に乗ってまねてくれます。これで、子どもたちの頭の中に見取図という言葉が強烈にインプットされたのでした。

◆さらにさらに、次のステップ

　次は、「なりきり音読カード」の登場です。
　トランプ大の大きさの厚紙に、

> ・大きく　・小さく　・ゆっくり　・高い声で　・宇宙人っぽく
> ・ジャンプしながら　・超高速で　・感情をすご〜くこめて

というような言葉が書いてあります。
　このカードを引いて、そこに書かれてあるとおりに、音読をするのです。（ちなみに、「ピカチュウのように」を引くと、音読がすべて「ピカ、ピカピ〜」のようになって何を音読しているのかわからなくなります。）
　まずは、教師が見本を見せるかRAM音読でするのがいいでしょう。
　たわせん学級では、この「音読カード」が一番活躍しているのが算数の時間です。このカードを使って、算数の定義の部分を何度も音読させるのです。楽しく何回も音読をしながら、子どもたちは定義を覚えていきます。
　音読指導を通じて、声の大きさを自由に調整できる子を育てましょう。声の大きさを調整できる子は、自分の感情も調整できます。

第3章

休み時間は子どもと関係をつくる最大のチャンス！

第3章◎休み時間は子どもと関係をつくる最大のチャンス！

休み時間は休み時間ではありません

●子どもにとっては、休み時間でも…

時には、職員室でぼ〜っとお茶でも飲みたくなる日もあるでしょうが、子どもにとっては休み時間でも、教師にとっては、休み時間は休憩時間ではありません。

身も蓋もない言い方をすれば、勤務時間なのです。

当然、勤務時間ですから、仕事をしなければいけません。

つまり、「子どもの力を伸ばす」ことを意識して、教師は、休み時間も過ごさなければいけないということです。

そう考えてみると、ぼ〜〜っと休み時間を過ごして、いいはずがありません。

といっても、そんなに難しく考えることもないのです。

「子どもは遊ぶのが仕事」という言葉を聞いたことがありませんか。

実は、教師も同じなんです。

教師も、子どもと遊ぶのが仕事。

とくに、若いうちは、どんどん遊んでください。

遊ぶことによって、子どもとの信頼のパイプが太くなります。

また、遊びのなかでは、授業中とはまた違った姿を見せてくれることもあります。子どもの理解も深まるのです。

● でも、ただ遊んでいるだけでは…

　実習の先生がよくおちいる失敗に、「休み時間に同じ子とばかり遊んでいる」というものがあります。一部の押しの強い子どもたちのお誘いに負けて、いつも同じ子とばかり遊んでしまうということです。
　こうなると、一部の子との信頼のパイプは太くなるのですが、逆にクラスのほかの多くの子の気持ちは先生から離れていってしまいます。
　無自覚に、休み時間を過ごしていると、このような状況になってしまうのです。
　効果半減どころか、むしろマイナスの効果。
　これなら、休み時間、遊ばない方がましなぐらいです。

● 休み時間、多くの子とコンタクトをとるために

　一部の子だけと遊ばないようにするためにはどうすればいいのでしょうか。一番、簡単な方法は、教師のいる場所を休み時間ごとに変えていけばいいのです。
　たとえば、
業間休みは、教室か図書室。お昼休みは、運動場
というようにするのです。
　これなら、インドア派の子にもアウトドア派の子にも対応できます。（また、インドア派の子に対して、「先生、お昼は外で遊ぶから、いっしょに行かない？」と声をかけることもできます。）

　さぁ、楽しい休み時間の始まりです。
　多くのドラマがあなたを待っているはずです。
　子どもたちとの信頼のパイプのつなぎ方やケンカが起きた時の対処法などについて、この章では述べていきます。

1 意味のない会話で子どもたちとつながる

信頼のパイプをつなぐ必殺技

★ 意味のない会話って？

　私は、懇談会でお母さん方に次のような話をすることがあります。
「お家で、お子さんと会話をしていますか？」
　たいてい、次のような返事が返ってきます。
「ええ、もちろん。」
　さらに聞きます。
「どういう内容ですか？」
「そうですね。たとえば、『夕ご飯何がいい？』とか、『早く起きなさいよ。』とか。」
　もちろん、これはこれで会話なのですが、これらは自分が家事を効率よくおこなうための情報収集であったり指示であったりするわけです。このような会話では、いくら会話の回数を増やしても、子どもとのパイプはつながりません。

❗ 意味のない会話が大切なのです。

　してもしなくてもいいような何の目的もない会話こそが大事です。
　これが、お互いのつながりを太くします。
　休み時間こそ、この意味のない会話をする絶好のチャンス。子どもたちと「意味のない会話」をして、信頼のパイプを太くするのです。

★ たとえば、こういう会話をします

では、どんな会話をしたらいいのでしょうか？

前ページでも述べましたが、「意味のない会話というのは、目的のない会話」です。

つまり、授業中であれば、「子どもを伸ばそう」という目的のもと話をするのですが、休み時間の場合は、そういう目的につながらないような話をすればいいということです。

たとえば、アイドルの話です。たとえば、ゲームの話です。たとえば、野球の話です。表文化でも裏文化でもなんでもいいのです。

「伸ばそう」と意識しないことによって、子どもと教師とのパイプがつながり、つながることによって最終的には子どもが「伸びていく」のですから、おもしろいものですね。

「子どものため」という大義名分は、上手に使いましょうね。

Point 意味のない会話をすれば、子どもとのパイプが太くなります。休み時間は、意味のない会話をするための絶好の時間です。

2 意図のある会話で子どもを伸ばす

その子がいない時こそほめまくれ

★ でも、意図のある会話も大切です

　休み時間の教室でのひとこま。
　先生の机のまわりに、子どもたちが群がっています。
　その場にいない船木くんについて教師が話を振ります。
「ところで、最近、船木くんってがんばっていると思わない？」
「うん、私もそう思う。5年生の時より、発表も多いしね。」
「そうそう、なんか勉強がんばっているよね。」
「ほら、この宿題のノート、字もとてもていねいだよね。」
　これは、教師が**「船木くんのがんばりをみんなに伝えよう」**という**意図で会話を始めています。**
　これはこれでいいのです。前ページでは、「意味のない会話」が大切ですという話をしましたが、それは休み時間には「子どもを伸ばそう」という「意図のある会話」をしてはいけないということではありません。
　もちろん、「意図のある会話」をしてもいいのです。
　休み時間には、子どもたちも素に近い状態で接してくれます。
　いわば、ニュートラルな状態です。
　それだけに、教師の言葉もスッと入っていく割合が高くなります。
　一方で「意味のない会話」をして、子どもたちとのパイプを太くしながら、もう一方では「意図のある会話」で、子どもたちを伸ばしていくのです。

★ 直接ほめないとこんないいことが…

実は、先の会話には、ちょっとした教師のコワザが入っています。

❗ いない時こそほめまくれ

というものです。これには、二つの意図があります。

一つ目は、○○くんのモチベーションアップです。このほめられた事実はいずれ、○○くんの耳に入っていくでしょう。○○くんはもっとやる気になるに違いありません。

二つ目は、**クラスの中に「○○くんはがんばっている」という事実を広めていく**ということです。クラスの中での○○くんへの見方を変えていくのです。これもプロデュースの一環です。

とまどいながらも悪い気はしません。これが大事!!

> **Point**
> 休み時間は、間接的にほめることで、子どもを伸ばしていきましょう。その子だけでなく、クラスの雰囲気もよくなっていきます。

3 遊びを仕組んで子どものよさを見つけよう！

○○くんをプロデュース！（休み時間編）

★ 教師の一言から始まるプロデュース

　ある休み時間、たまたまけん玉を持っている中野くんを見つけました。この中野くん、実は前担任の先生から学校を休みがちであるという申し送りを受けていた子でした。
　勉強もそんなに得意ではなく、授業中の発表もほとんどありません。そんな中野くんが生き生きとした表情でけん玉をしていたのです。
　正直に言うと、めちゃくちゃうまいというほどうまくはなかったのですが、それでもそこそこの技はできています。
　よし、ここは**中野くんをプロデュース**しなければ！
　ただし、「めちゃくちゃうまいなぁ。」というようなわざとらしいほめ方は逆効果になります。そこで、私が言った一言はこれ。
「先生より、間違いなくうまい！」
　私のけん玉の腕は誰も知りませんから（笑）。
　それに、教師がこう言うと、ついてきてくれる子が必ずいます。
「ほんとだ、私よりうまい。」「中野くん、やるなぁ。」
　中野くんもまんざらではない表情をしています。

> **❗ 教師が言った一つの言葉から、友だちの間で中野くんのことが話題になるのです。**

　"中野くんをプロデュース。"の第１歩です。

★ このプロデュースには伏線があったのです

　私は、その学校のルールで禁止されている時以外には、教室にけん玉や将棋をおいています。今回、中野くんをうまくプロデュースできたのは、そういう伏線があったからです。

　伏線は、できるだけたくさん張り巡らせておきます。（当然、結果として、伏線にならなかったものもたくさんありますが。）

　たとえば、けん玉や将棋などは教室に持ち込んではいけないというルールがある学校の場合は、腕相撲大会やじゃんけん大会などのイベントを仕組みます。また、市販の将棋はダメでも、自作ならいいだろうと、段ボールなどで将棋（その場合、コマ数の少ない「動物将棋」がおすすめです）をつくったりします。**遊びを仕組んであげるのです。**

ここまで、開き直れると強いです。でも、注意されたら素直にあやまりましょう（笑）。

> **Point**　子どもたちの活躍の場を増やすため、教師が遊びを仕組むことも、プロデュースのための一つの作戦です。

4 けんか発生！ウソでもいいから、笑顔をつくれ

クールダウンして、冷静に対処

★ 教師の一言から始まるプロデュース

　中野くんのけん玉を教室で見ていたその時、教室の扉がガラッと開きました。
「先生、宮戸くんと鈴木くんがけんかをしています！」
　さあ、あなたならどうしますか？
　もちろん、何よりも、けんか現場に直行です。
　さて、現場に着くまでに何をしますか？
　実は、ここが大きなポイントなのです。
　現場に行くまでに、しておくべきことがあります。
　けんかをしていると教えてくれた垣原さんに、けんかの状況を聞く。
　余裕があれば、それも大事なことです。
　でも、それ以上に**大切なこと**があります。
　正解は、「**笑顔**」です。
　ニコニコ笑いながら、現場に行くということではありません。
　一瞬ニコッとするだけでかまいません。（どうしても、無理ならば心の中だけでも、ニコッとしてください。）

❗ 笑顔には、脳の冷却機能がある

らしいのです。
　冷静になって、現場に向かおうということです。

★「怒る」より「叱る」。「叱る」より「指導」を!

　子どもたちがけんかをしているからといって、「怒る」というのは違うと思います。「叱る」というのも、ちょっと違います。
　やはり、きっちりと「指導」していきたいものです。
　そして、そのためには脳がカッカッしている状態ではいけません。
　教師が感情を爆発させる「怒る」になってしまうからです。
「怒る」と「叱る」は違います。
「叱る」と「指導する」も違います。
　でも、なぜ「怒る」んでしょうね。それは、子どもをよくしようという気持ちよりも、教師自身が周りの目を気にして自分がいいように思われたいからという気持ちの方が大きいからではないかと、私は邪推してしまうのですが。

「顔で笑って、心であせる」これなら大丈夫です!!

Point 教師の感情がヒートアップしないように、笑顔で脳をクールダウンしてから、現場にGO!

5 けんか発生！まずは、一人ずつ話を聞こう

まとめて聞くと、大混乱！

★ 今は、〇〇くんの話を聞く番です

　さて、けんかの現場に着きました。
　つかみあいをしている宮戸くんと鈴木くん二人を引き離します。
　あなたは、二人の間に入って話を聞くことにしました。
「だって、宮戸くんが俺に悪口を言ってきたから…。」
「ちがうよ、その前に鈴木くんがこっち見て笑ってたんじゃないか。」
「笑ってないよ。」「うそ、つくなよ。」
　またまた、つかみ合いが始まりました。せっかく、先生がその場にいるのに、元のもくあみ。子どもから話を聞こうという姿勢は間違っていません。**間違っていたのは、ケンカの張本人、二人にフリーで話をさせたことです。**

❗ 一人ずつ話を聞かなければいけなかったのです。

　当然、一人が話している間には、もう一人の子が口をはさむことは、許しません。「今は、宮戸くんの番だから、ちょっと待っていてね。」
　ひととおり話を聞いたら、鈴木くんの話を聞きます。二人の話が食い違うことがあります。今度は、話終えた宮戸くんが、口をはさもうとすることがあります。
「さっきは、鈴木くんに待ってもらったから、今度は君が待つ番です。」
　たいていは、これで待つことができます。

★ 話が食い違っていたら、もう一度聞きましょう

「今、宮戸くんの言ったことに間違いはないですか？」

この確認に、もう一方の子が、「うん。」と答えれば、話は早いです。

ただ、そうではなく、二人の話に食い違いが出た場合は、その違いについて検証していかなければいけません。そうしないと、お互いに不満が残るからです。もう一度二人にじっくり話を聞いてみます。場合によっては、周りの子に聞くこともあるでしょう。

ただし、言っていることが事実と違っていても、その子を追い詰めてはいけません。「そうか。君はそう思っていたのか。でも、そうじゃなかったのかもしれないね。」これくらいの方が、次の指導も入りやすいからです。

まぁ、ここまでしなくてもいいんですけどね（笑）。

Point まずは、一人ずつ話を聞きましょう。ただし、話の食い違いをそのままにしておくと、お互いに不満が残ります。

6 けんか発生！悪かったことを語らせる

気持ちに共感。行動に指導

★ なるほど、君の気持ちはよくわかるよ。でも…

いよいよ、ここからが、教師の出番です。
「そうか。悪口を言われて腹が立っちゃったんだ。それで、手を出してしまったんだね。鈴木くんが怒った気持ちはわかる。」
　もう一度、事実を確認します。鈴木くんの気持ちに共感しているので、鈴木くんもこの事実を素直に認めることができます。
「でも、手を出したことはいけない。先生は、4月からずっと言っていますよね。」
　ここで、

> **気持ちに共感しつつも、おこなったことについては毅然たる態度で、悪いことは悪いとしっかり述べます。**

　子ども同士のけんかの場合、10対0のように、どちらかだけが一方的に悪いということはあまりありません。「君だけが悪いとは思っていないですよ。」とその子に伝えながら、どちらかといえばよくなかった子に先にあやまらせます。そして、すぐに次の手を打ちます。
「鈴木くんはあやまりました。**宮戸くんには、悪かったことはありませんでしたか。**」
　この流れで、こう聞けば、宮戸くんも自分の悪かったことを自覚し、しっかりとあやまることができるのです。

★ 最後の詰めもしっかりと

　お互い、あやまったので、一安心。
　…と言いたいところなのですが、ここで終わってはいけません。
　最後に、次のように聞いてみます。
「ほかに、何か言いたいことはありませんか。」
　お互い、納得していたら、何も言いません。これで終わりです。
　ただ、ここまでの聞き方や教師の押さえが甘い場合は、
「宮戸くんは、なぐりかえしてきたことはあやまったけど、最初、にらんできたことについては何も言ってない。」
というように言ってくる場合もあります。その時は、もう一度、話を聞くところからやり直しです。(この段階で、新たな事実がわかることもあります。) **お互い、納得するまでがんばりましょう(笑)。**

これぐらい熱血だと、先生の気持ちも伝わる…はず?

> **Point**　自分の悪かったことを自覚させ、自分で言うことが大切です。教師は気持ちに共感しつつも、毅然とした態度で指導します。

7 けんかをしないのが、友だちではありません

けんかの事後指導はこうしよう

★「ごめんなさい。」「うん、いいよ。」

　相手に「ごめんなさい。」とあやまられたら、条件反射的に「うん、いいよ。」と答えてしまう子がいます。
　まるで、「ごめんなさい」と言われたら、必ず「うん、いいよ」と答えなければいけないかのようです。そのような場面に出くわすと、
「本当に許しているの？」
「実はいやなのにこうしないといけないと思って、言っているんじゃないの？」
と、若い頃は感じていました。でも、それはそれでいいのです。
　大きくなるまで、人にあやまったことがない。
　人を許したことがない。
　どこか、違和感を感じませんか。大人になって、いざそのような場面に出くわした時、彼（または彼女）は、望ましい行動ができるでしょうか。難しいと思います。だからこそ、

> ❗ **子どものうちに「あやまる体験、許す体験」をしなければいけない**

のです。
　最初は、条件反射的でもいいのです。
　それが、「あやまる練習、許す練習」につながっているからです。

★ 本当の友だちとは…

　子どもたちのなかには、「けんかをしないのが友だちだ」と思っている子がいます。でも、それは違います。私は次のような言葉でけんかの指導の最後をしめることが多いです。
　「よし。お互い自分の悪かったところはしっかりあやまることができたし、相手のこともきちんと許すことができた。これでもう大丈夫だね。この後も、仲良くできますか？」
　「はい。」「はい。」
　「えらい。**けんかをしないのが友だちなんかじゃない。けんかをしても、仲直りできるのが本当の友だちなんだよ。**」
　子どもたちはこの話をいい顔で聞いてくれます。そして、その後、二人がいっしょに遊んでいる姿を見つけ、ほめまくるのです。

いやはや、まったくそのとおりです。

Point けんかというトラブルも、教師の意識の持ち方によって、子どもを伸ばすいいきっかけにすることができるのです。

COLUMN ❸
教師の笑顔が
子どもたちを笑顔にします

◆**子どもにはいつも笑顔を見せよう**

笑顔の教師が、笑顔の子どもを育てる。

　これは、私が提唱している「笑育」の基本コンセプトです。
　あなたが子どもになったつもりで、ちょっと想像してみてください。
　朝、教室に行ったら、目の前に先生がしかめっ面をして立っている。
　その日のスタートがそれでは、先が思いやられますよね。
　逆に、先生が笑顔ならどうでしょう。
　なんだか、ほっとするというか、楽しい気分になりませんか。
　だから、**何よりも、教師は笑顔でいなければならないのです。**
　教師は、教室に向かうまでに「笑顔の準備」をしておかなければいけないということです。ハンカチは忘れても、笑顔を忘れてはいけないのです。

◆**子どもの成長を喜び、笑顔になりましょう**

　…とはいっても、笑顔の準備ができない時もありますよね。
　体調が悪いだとか、前の日にいやなことがあっただとか、阪神が負けてしまったとか。(註：阪神の部分は、お気に入りの球団に代えて読んでください。)
　だからこそ、健康管理が大事であり、普段の生活も充実させなければいけなかったり、阪神（註：阪神の部分は、お気に入りの球団・レスラーなどに代えて読んでください。）にも強くなってもらわなければいけないのですが、なかなかそうもいきません。
　もちろん、見せかけの「笑顔」でも、しかめっ面よりは、数倍もいいのですが、やはり心の底からの本気の「笑顔」の方がいいことは言うまでもありません。

プロの教師となれば、そのような本気の「笑顔」をどんな状況でも出せないといけないのです。どうしたらできるのでしょうか。
　そのためには、「クラスの子どもの成長を楽しめるようになればいい」「子どもの成長を本気で喜べる感性を身につければいい」と、私は考えています。そうなれば、たとえ、阪神が負けた次の日でも本気の笑顔が出せると思いませんか？（註：しつこいようですが、阪神の部分は、お気に入りの球団・レスラー・アイドルなどに代えて読んでください。）

◆**ただし、気をつけることが一つ。**
　子どもの成長を喜べる。
　ここで私が言っている「成長」というのは、「できたか、できてないか」をみることではありません。第1章でも述べていますが、

伸びたか、伸びていないか

をみるのです。
　ちょっとした違いのようにみえますが、実は全然違います。簡単に言うと、「できたか」という観点だと、がんばっていてもできないことがあるのに比べ、「伸びたか」という観点では、子どもたちの意識の高まりが即結果につながってくるのです。素直な気持ちで、子どもたちの成長を喜ぶことができるようになるのです。
　心の余裕が大切です。
　笑顔の教師が、笑顔の子どもを育てるからです。

第4章

給食・そうじの時間が秩序をつくる！

第4章　給食・そうじの時間が秩序をつくる！

まず教師が「あるべき姿」をイメージしよう

● あるべき姿がわからない給食の時間

　私は、一度だけ担任を離れて5・6年の社会、理科専科を担当したことがあります。その時、いろいろなクラスで給食を食べさせてもらったのですが、その指導方法のあまりの違いにびっくりしました。
　たとえば、誰が配るのか？
　配られている間、ほかの子は何をしておくのか？
　お代わりのシステムはどうなっているのか？
　早く食べ終えた子は何をするのか？
　これらのことが、クラスによって、担任によってまちまちなのです。
　まさに、我流のオンパレードでした。
　しかし、よく考えてみれば、私自身も、専科になるまでほかのクラスの給食指導を見たことはほとんどありませんでした。
　見ていないのだから、我流になってもしかたがありません。
　ただ、我流とはいっても、スムーズにいっているクラスとそうでないクラスがあるのも事実です。
　なかには、お代わりが「早い者勝ち」のシステムになっているクラスや、ほかの子を無言のプレッシャーではねのけいつも同じ子が優先的にお代わりをしているクラスもありました。
　まさに、弱肉強食の世界です。
　教育の場には、ふさわしくない世界です。

●あるべき姿はわかっているけど、そうじの時間は

　給食の時間に比べて、そうじの時間は、あるべき理想の姿が教師にも子どもたちにもイメージしやすいので、給食の時間ほど我流がはびこることはないようです。

　共用部分をそうじしている他学年の様子もよく見えますし、その気になれば、隣のクラスのそうじの様子も簡単にのぞけます。

　また、学校をあげて、そうじの指導をしている学校も多くあるようです。

　多くの著書もあります。

　ただ、**あるべき理想の姿はわかっているものの、なかなかそこにたどり着けない**というのが、そうじの時間です。

　子どもたちがまじめにそうじをしない。

　廊下を走る子がいなくならないのと同じぐらい、昔からある学校の重点課題です。

●まずは、教師自身がイメージを持つこと

　給食やそうじに限ったことではないのですが、まず最初に、理想の状態、いわゆるゴールのイメージを持つことが大切です。

　どこをめざしているのかわからずに、走ることはできませんよね。

　そのためには、実際に自分の目で見ることです。

　そうじの時間は、比較的、ほかのクラスをのぞきやすいと思います。

　問題は、給食の時間です。

　まずは、隣の教室をのぞいてみます。それでピンとこなければ、ほかの学年の尊敬できる先輩に見せてもらうのです。（私の経験からいえば、授業がうまい先生は、給食指導もうまいです。公開授業を見て目星をつけてみてください。）

　また、最近は一日公開をしている先生も増えてきました。そのような会に参加できるチャンスがあれば、自分のお昼ごはんを食べる時間を削ってでも見るべきです。とても参考になります。

1 給食の時間は、班の中に飛び込もう

いっしょに食べると見えてくることいろいろ

★ 給食時間は、信頼のパイプをつなぐチャンスの時間

給食をどこで食べていますか？

子どもたちは、生活班ごとに食べていますので、私は、順番に班をまわって子どもたちといっしょに食べています。ところが、専科でいろいろな教室をまわっていると、先生は、子どもたちといっしょに食べず、自分の教卓で食べているというクラスもありました。

給食ぐらい一人でゆっくり食べたい、ということなのかもしれませんが、私的には非常に違和感を感じたことを覚えています。

というのも、給食の時間は、教師の休息、休憩の時間ではなく、子どもたちを指導する時間だからです。それに、

❗ 給食の時間は、子どもたちと信頼のパイプをつなぐいいチャンスの時間

なのです。

休み時間と違い、「いっしょに給食を食べる」という大義名分の元に、すべての子どもの近くに行くことができます。しかも、授業中とは違い、子どもを伸ばそうという目的をひとまず横に置いておいてもいいわけです。つまり、いろいろな子どもたちと意味のない会話をする絶好の時間といえるのです。**意味のない会話は、子どもたちと先生の信頼のパイプをつないでくれます。**教師一人で食べるということは、

このようなチャンスをみすみす見逃しているということなのです。

★ 子どもたちとうまくいっているかのバロメーター

「やったぁ、今日は先生、うちの班だよ。」

このように歓迎されると、教師冥利に尽きるというものです。

給食の時間は、子どもたちの素の姿がよく見えますので、班の中に入って食べるというのは、子どもたちが教師に対してどのように見ているのかが、ダイレクトに伝わってきます。

ただ、**あまりいい反応が返ってこなくても、めげることはありません**。宮本武蔵の言葉に、『刃の下は地獄なれど一歩踏み込めば極楽あり』というものがありますが、教師自らその子に対して、一歩踏み込んでいけばいいのです。

まずは、意味のない会話からスタートです。教師が出している楽しいオーラは、子どもたちにも必ず伝わります。

多くの修羅場をくぐり抜け、教師は鋼の精神力を手に入れるのです(笑)。

> **Point** 教師自ら、子どもたちから離れていっては、教育はできません。それは、給食指導も同じことです。

2 このお代わりなら公平でしょ?

お代わりに不満をもたせない方法

★ 弱肉強食の世界にしてはいけません

　給食を配る方法や、給食の時間の過ごし方などは、年度はじめの職員会議で、食育担当や栄養職員の先生から提案されることもありますが、お代わりのシステムまで話し合われている学校はそうはないと思います。各担任の先生方にお任せ…といったところなのでしょう。

　それだけに、我流が一番はびこるのが、このお代わりのシステムなのです。

　まぁ、そうはいっても、子どもたちが不満にさえ感じていなかったら、どんな方法でもいいのですが、その不満を感じさせないポイントは、ただ一つ

❗「すべての子に公平である」

ということでしょう。たわせん学級には、次のようなルールがあります。

- **原則的に、減らした子はお代わりはできない**:（自分の嫌いなものだけ減らして、好きなものをたくさん食べるのは不公平だから。）
- **お代わりできる量が希望者分ない場合は、じゃんけん**:（早く食べた子からにすると、早食いの子だけが得をして不公平だから。）
- 一度じゃんけんをしたら、**勝っても負けてもそこでお代わりの権利は1回使ったことになる**:（おかずのじゃんけんで負けたのに、また

牛乳でじゃんけんをすると、牛乳だけの子に対して不公平だから。)
これで、子どもたちの不公平感はなくなります。

★ それ食べるのと、セミとどっちがいい？

　私は、苦手な食べ物はあらかじめ減らしてもいいというスタンスをとっています。まずは、一口でも食べればよし。そして、次はもう少し…というように。これも子どもたちの伸びを意識しているからです。

　また、私自身、**人間って完璧でなくてもいい、一つぐらい弱点があってもいいのではないか**と考えています。だから、「本当に苦手なものなら、一口も食べなくていい。」とさえ言うこともあります。ただし、それはあくまでも、本当に苦手なものに限ります。たとえば、「それ（子どもが残したいもの）と食用のセミ、どっちを食べる？」と聞かれたら「セミ！」と即答できるぐらいにダメなもののみです（笑）。

だから、本当には食べさせませんからっ。

> **Point** お代わりのシステムづくりは、先生の腕のみせどころです。「公正、公平」がキーポイントになります。

3 たわせん流給食当番のシステム

生活班での給食当番＆運んでくるものはくじ引きで

★ 出席番号順ではなく

　たわせん学級の給食当番は、生活班でおこなっています。
　生活班で給食当番を構成すると、次のようなメリットがあるからです。
・**子ども自身に、自分は給食当番であるという自覚を持たせやすい。**
　班で行動を開始しますので、スタートが遅い子に対して、隣の席の子や班の子が声をかけやすくなります。出席番号順の構成だと、教室での座席の位置はばらばらになっています。声をかけようにも、近くにいなければ、声もかけにくくなります。
・**教師も子どもたちの動きを把握しやすい。**
　給食の配膳を待っている時間、一番いけないのは、当番以外の子どもが席を離れ、休み時間のように好き勝手にうろうろとすることです。
　このことを許していくと、一気に学級の雰囲気が崩れていきます。そのため、自分の席で待っているというルールを設定して、席を離れた子には教師が注意をしているはずです。しかし、実際の場面を見てみると、教師自身は配膳に一生懸命になって、意外と子どもたちのこのような動きに気がついていないことが多いのです。
　ところが、生活班単位で給食当番をおこなっていると、誰が席にいないのかが一目瞭然になります。給食当番が生活班ということは、当番以外の子どもたちも生活班単位で固まっているということだからです。

★ 運んでくるものは、くじ引きで

給食当番は白衣（エプロン）の準備ができた順に、くじを引きます。

❗ 何を運んでくるのかをくじで決めている

のです。子どもによって、運びたいもの、配りたいものは違います。くじで決めることによって、**公平かつ遊びの要素が加わるのです。**早く準備ができた子から、くじを引くので、早くくじを引きたい子は急いで準備をするようになります。

実際の給食の配膳のしかたは、「給食当番がすべて配る」「トレイを持って自分の分は自分で取りに行く」など、各地域、学校で実態も違うでしょうから、本書では割愛します。同じ学校の先輩からいい方法を教えてもらってくださいね。

ちょっとした工夫で、子どもたちは盛り上がります。

> **Point** 子どもたち自身が、今何をすべきか意識できるようなシステムをつくりましょう。ただし、学校の流れには乗った上で…。

4 ラスト5分は、シ〜ンタイム

教師は、一人ひとりとの関わりを思い出す時間

★ 教師は、自分の席で振り返る

たわせん学級では、

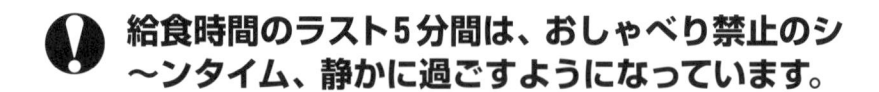

> **給食時間のラスト5分間は、おしゃべり禁止のシ〜ンタイム、静かに過ごすようになっています。**

それまでは、私も子どもたちの班の中に入って、馬鹿話をしているのですが、ラスト5分間は自分の机に戻ります。

そこで、何をしているのかというと、日記の返事を書いたりしながら、**子どもたちとの午前中の関わりを思い出しているのです。**

若い頃には座席表まで用意して、1班から順番に、一人ひとり具体的に関わりを思い出して、記録していました。

子どもたちが帰った後、誰もいない教室で思い返すよりも、目の前にその子自身がいるので、再現するのは比較的簡単になります。

しかも、「あっ、田村さんとは今日1回も話していない。」と、**給食の時間に気がつけば、なんとか午後の時間にフォローすることができます。**1日学校にいて、教師と話していない子がいる…という最悪の状態はまぬがれることができるのです。

最近は、とくに残しておきたい記録についてのみ、手帳にメモをするだけですが、若いみなさんにはぜひおすすめしたい教師修行の方法です。

★ 子どもたちは、それぞれ…です

では、このシ～ンタイム、子どもたちは何をやっているのかというと、**まだ食べていない子は、一生懸命食べています。**

とくに、お代わりをした子は必死です。「時間に間に合わないのに、お代わりをするとはどういうことだ!!」と、言われるからです。バイキングだと、追加料金が取られるところです（笑）。

すでに、**食べ終わっている子は、のんびりしています。**読書や計算ドリルなど静かに好きなことをして過ごしています。予定係が次の日の予定を黒板に書くのもたいていこの時間です。

この5分間を静かに過ごせるかどうかで、子どもたちの意識の高まりがわかります。もちろん、**最初からできなくてもかまいません。学期が進むにつれて、静かになっていけばオッケーです。**

ここまで意識が高いと言うことなしです。子どもたちは迷惑でしょうが。

Point シ～ンタイムで、ごちそうさままでの5分間は静かに過ごします。教師も子どもたちもプラスアルファをする時間になります。

第4章 給食・そうじの時間が秩序をつくる！

5 そうじの時間はまずは、教師が動く!

教師の背中で、子どもを指導

★ そうじの時間は、教師もそうじをする時間です

　言っていることが正しければ、誰が言おうとその価値は変わらないはずなのですが、そうはいかないのが、人の感情のおもしろいところでもあります。いわゆる、信頼のパイプがつながっていないと、何を言っても逆効果になってしまいます。

　信頼のパイプをつなぐために大切なことの一つに、まず自分自身がやってみるということがあります。

　とくに、そうじの指導は、そうです。

❗ 教師が楽しそうに、ぞうきんがけをする。

　「そうじ＝つまらない」という空気を払拭します。

　そうじのしかたを知らない（または忘れている）子も多いです。教師がまず見本を見せることで、具体的にそうじ指導もおこなえます。

　また、自分自身がしっかりとそうじをやっているからこそ、気づくことがあります。黙々とそうじに取り組んでいるがんばっている子の姿も見えやすくなります。

　まさに、いいことずくめです。

　まずは、教師がそうじをおこなう。

　そうじの時間は、決して宿題や連絡帳などを見る時間ではありません。

★ そうじ時間以外にも、そうじをしよう！

「割れ窓理論」というのをご存じですか？
「まぁ、これぐらいいいだろう。」と、そのままにしておくと、気づいた時にはとんでもないことに!!　というようなことなのですが、教室環境についても同じことがいえます。

　たとえ、ゴミ一つでも見逃してはいけないのです。
　すぐに教師が拾うということです。 自分が落としたものでなくても、気づいたらゴミを拾うという姿勢を見せることもできますし、子どもに指導してから拾おうと思っていると、どんどん落ちているゴミが増えていきます。気づいた時には、とんでもないことに!!　となってしまうのです。そうじの時間は、教師もそうじをする時間ですが、**教師がそうじをする時間は、そうじの時間だけではないのです。**

お遊びの要素を入れることも大切です。
（もちろん、コスプレはしてませんけどね。）

> **P**oint　まずは、教師自身が動くこと。これは、そうじの指導だけではありません。

6 「なんちゃって自問清掃」

ほめることで、子どもは伸びる

★ 先生が、がまんできていない!?

　たわせん学級のそうじは、「なんちゃって自問清掃」です。
　「自問清掃」の第１段階は、**「友だちに話しかけないで、黙って一人でそうじをする」**という「がまん清掃」なのですが、当然この時は、教師も黙ってそうじをすることになります。ところが私は、これができないのです。がんばっている子を見つけると、ほめてしまいたくなります。そして、実際に声をかけてしまいます。
　子どもたちには、「話しかけない」ように言っているのに、教師自身が話しかけているのは、やはり「自問清掃」的にはよくありません。
　だから、「なんちゃって自問清掃」なんです。
　ただ、**ほめることによって、子どもの動きが変わってくる**ことも事実です。教師自身もそうじをしていますし、プラスの言葉がけしかされないので「先生だけ話してずるい！」ということもなく、逆に、**信頼のパイプも太くなっていきます**。おそらく、「なんちゃって自問清掃」になることによって、抜けていっている部分も多いと思うのですが、自分の実感としてはこれでいいかなぁと考えています。（本物の「自問清掃」について知りたい方は、平田治氏の著書をご覧ください。）

★ そうじの時間の目的は？

　私は、そうじの時間の目的を一つだけあげるとすれば、教室をきれ

いにすることではなく、

❗ そうじをする意識を育てる

ことだと考えています。極論を言えば、子どもたちが一生懸命そうじをしてさえいれば、たとえ教室がきれいになっていなくてもかまわないのです。（実際、そういうことには普通なりませんが。）
「4月には、おしゃべりばかりしていた高山くんがしゃべらずにそうじをするようになった。」
「長井さんは、そうじの時間が始まる前からそうじを始めている。」
　そうじの時間も、授業の時間と同じです。「できたかできていないか」ではなく、「伸びたか伸びていないか」でみていくのです。

子どもは教師の後ろ姿を見て育ちます。（コスプレはしてませんてば。）

> **Point** そうじの時間も、子どもたちの伸びをみていきましょう。きれいになっていなくても、後で自分がやればいいと割り切って（笑）。

COLUMN 4
朝の時間に鍛える集中力

◆**時間で区切るから集中力が生まれる**

「時間は、5分です。スタート。」

たわせん学級のスキルタイム（基礎基本定着の時間）の漢字練習は、ただひたすらノートに漢字を書き続けるだけです。

シ〜ンとした集中した時間が流れます。

聞こえるのは、鉛筆がノートを走る音だけです。

どの子も一生懸命取り組んでいます。

当たり前のことかもしれませんが、手遊びしている子は一人もいません。

なぜしょうか。

それは、

量で区切るのではなく、時間で区切っている

からです。

量で区切ると、子どもたちによって、どうしてもスピードに差が出てきます。早い子は暇をもてあまして、遊び始めるかもしれません。遅い子は時間内に終わらなくて、宿題が増えたりします。その結果、勉強に対して、マイナスの感情を持つことになります。

時間で区切ると、教室内に集中した空気が流れてきます。

◆**自分の集中力を自覚させることによって、子どもを伸ばす**

5分間終了したら、次のように子どもたちに問いかけます。

「5分間があっという間だった人？」

ほとんどの子が手を挙げます。

「すごいねぇ。楽しい時間ほど早く過ぎるというでしょ。漢字練習に集中して

いた証拠です。」
　このように、集中していた子をほめまくります。
　手を挙げていなかった子も、次の日にはたいてい手を挙げています。当然、そこは逃さずにほめまくります。
　実をいえば、この5分間集中漢字練習には、「漢字を習得させる」という表の目的よりも、「集中したシ〜ンとした時間を体験させる」という裏の目的のためにやっている、という部分が大きいのです。
　時間で区切ると、集中力が生まれます。そして、一度、身につけた集中力は、ほかの場面でも生きてきます。

◆**さらに、朝にスピードを鍛える！**
　剛くんは、算数が苦手でした。
　ところが、この剛くんは、一生懸命10マス計算に取り組みます。
　なぜでしょうか。
　先生からほめられるからです。
　もちろん、一生懸命がんばっていることもほめられるのですが、何よりもそのスピードをほめられます。
　剛くんは、算数が苦手なだけあって、計算も決して速くありません。
　いや、むしろ遅い方です。
　10マス計算では、クラスのほとんどの子が5秒以内でできる問題でも、10秒ギリギリといったところです。
　では、何のスピードでしょうか。それは、
・取りかかりのスピード
・やめるスピード

COLUMN 4

の二つのスピードです。
　剛くんは、10マス計算のプリントをいつも机の上に準備しています。ストップの合図があると、自分がまだ途中でもごまかすことなくサッとやめることができます。だから、いつもほめられるのです。

◆できるできないよりも、意識を鍛える
　教師が、スピードにこだわりすぎるといけません。
　スピードの伸びにこだわることはいいのですが、スピードそのものに取り憑かれてしまうと、逆に子どもたちのやる気をそぐことにつながるからです。どんなにがんばっても先生の期待しているところまでスピードアップできない子もなかにはいます。そのような子に対しての配慮が目先のスピードに気をとられ抜けていくのです。
　また、「早く覚えたものは早く忘れる」というように、ゆっくりと取り組んだ方が効果的に記憶できるのです。
　だから、スピードにこだわるのなら、「取りかかりのスピード」と「やめるスピード」ということになります。
　サッと取りかかれる。自分がまだ途中でもサッとやめることができる。これは、意識の問題です。しかも、ほかの場面でも応用できる力です。
　「取りかかりのスピード」と「やめるスピード」を鍛えましょう。
　意識の高い、子どもを育てるために…。

第5章

教師同士の絆が深まるとクラスもまとまる！

第5章◎教師同士の絆が深まるとクラスもまとまる！

放課後は、教師と教師との絆を深める時間

●同僚の先生とも、信頼のパイプをつなぐために

　ここまでに、教師と子どもたちの間に信頼のパイプをつなぐ大切さについては、何度も述べてきました。
　でも、信頼のパイプというのは、何も「教師と子ども」の間だけのものではないのです。
　たとえば、「教師と教師」の間です。学年の先生方が力を合わせてがんばることができれば、それは一人の教師ががんばった時の何倍もの力を発揮することができます。
　先生同士が仲良くできないのに、子どもたちに「仲良くしなさい。」なんて言えませんしね。
　というわけで、**子どもたちのためにも、「教師と教師」の間に信頼のパイプをつなぐ必要があるのですが**、そのための時間は放課後の時間しかありません。
　いくら、信頼のパイプを築くためとはいえ、子どもがいるにもかかわらず、職員室で先生たちが子どもたちを放っておいて話に花を咲かせていては、本末転倒ですからね。

●意味のない会話も大切ですが、そうはいっても…

　信頼のパイプをつなぐ必殺技が「意味のない会話」であることは、子ども相手でも大人相手でも変わることはありません。
　ただ、何を話題にしていいかわからない場合もありますよね。

そんな時は、意味のない会話にこだわることはありません。子どもの話から始めればいいのです。
「ちょっと聞いてくれますか？　今日、うちのクラスの○○さんが、逆上がりできるようになったんですよ。」
「すごいわね。あの子体育苦手だったけど、いつもがんばっていたものね。」
　このような**子どものプラスの話題で盛り上がることができれば言うことなしです**。
「ところで、どんな指導をしたの?」
「それはねぇ…」
　自然な感じで、教材研究や指導方法の交流が始まることもあります。
　もちろん、成功体験だけでなくてもいいのです。
　失敗談でもかまいません。
　子どもの珍解答で盛り上がってもいいと思います。もちろん、そこにマイナスのオーラをまとわせてはいけません。
　楽しい雰囲気のなかで、教師と教師の信頼のパイプをつくっていきましょう。

●教材研究も、放課後の大切なお仕事です

　また、放課後は、教材研究をする時間でもあります。
　ところで、教材研究は、何のためにするのでしょうか。
　いろいろな理由を挙げることができると思いますが、私が気に入っている理由の一つが、**「教材研究は、教師が笑顔で授業をするためにおこなう」**というものです。
　しっかりと教材研究をおこなった時には、次の日の授業が待ち遠しくありませんか。
　はやく授業がしたくて、ワクワクしますよね。
　自然と教師は笑顔になるはずです。それがいいのです。
　笑顔の教師が、笑顔の子どもたちを育てるからです。

1 放課後の散歩で情報収集

本では学べない現場のよさ

★ 職員室に帰る前に

　職員室に帰る前に、放課後の散歩をおすすめします。
　といっても、外に出るわけではありません。
　学校中をぐるっと回って職員室に戻るのです。
　そして、ほかのクラスの教室を見て回ります。
「この教室は、緑がたくさんあって落ち着くなぁ。」
「なるほど、こういう掲示の方法もあるんだ。」
「教室が雑然としているなぁ。」
　意外と、ほかのクラスの教室を見る機会はありません。
　多くの発見があるはずです。すぐにまねをしたいこともあるでしょうし、反面教師的な気づきもあるでしょう。

> **❗ 教室環境の勉強には、放課後の散歩ほど有効なものはありません。**

　しかも、
「どうして、この先生は、教師用机を後ろに置いているんだろう。」
というように、疑問が出てきた場合でも、すぐに質問をすることができます。
　きっと、ていねいに教えてくれるはずです。専門書や雑誌からの学習では決してできないレスポンスのよさが現場にはあります。

★ 直接聞けるという利点を生かして

　たとえば、「教師用の机を教室の前に置くか、それとも後ろに置くか。」ということにも、こだわる人はこだわります。大げさにいえば、そこに、その先生の教育観が表れるからです。

　ところが、その裏に流れている意味というのは、本人にとっては当たり前のこと、わかりきったことであることが多いので、書物などでそのようなことが書かれていることはごく稀です。**「直接聞ける」という最大の利点を生かして、あなたの身近にある匠の技を盗んでください。**そのような意識で、放課後の散歩をすると、あなたの教師力は格段にアップするはずです。（ちなみに、「教室の前に机を置かないのは、子どもたちの視線から教師の姿をなくすためです。子どもたちの自主性を育てたいというわけです。）

　　このクラス、イグアナが放し飼いに！？　　生態学！？　　それともふれあい！？

　　　　　　　　　　　　　　　　　　（逃げただけ）

まるでペットショップのようなクラスって、たまにありますよね。

Point　散歩気分で、放課後研修。同じ職場の同僚から学ぼう！　という意識が大切です。

2 プラス20%で、GIVE&TAKE

無理なく笑顔でいい関係

> ★ いつもTAKEで気が引けるならGIVEしましょう

　同じ職場の同僚に学ぶといっても、いつも教えてもらってばかりでは気が引ける、という人もいるはずです。
　そんな人は、GIVEすればいいのです。
「でも、GIVEするものがない。」というあなた。
　難しく考えることはありません。
　自分の得意なことを、ちょっとおすそ分けすればいいのです。
　たとえば、パソコンが得意な人は、つくったワークを隣のクラスのぶんまで印刷しておく。
　イラストを描くのが好きな人は、隣の先生がつくった学年便りにイラストを入れてみる。
　植物を育てるのが得意な人は、育てた花をおすそわけ…など。

❗ 自分の仕事のついでにできるプラスアルファをおすそ分けするのです。

　その目安は、プラス20％。「ついでにできる」というところがポイントです。自然な感じでできる範囲。決して無理をしてというのではありません。見返りを期待しないでできる範囲でおこなってください。
　情報というのは不思議なもので、**自分から発信すればするほど、周りからも自然に入ってきます。**

★ 一番うれしかったGIVE

　私の体験です。
　ある日の放課後、若手の先生たちから、会議室に呼び出されました。
　会議室のドアを開けてみると、そこにはバースデーケーキが。
「Happy Birthday to you〜〜♪♪」
　その日は私の誕生日でした。
　なんて、粋なサプライズなんでしょう。
　本当に、感動しました。
　ケーキというモノはありましたが、私が感動したのはなんといっても若手の先生たちの気持ちです。
　実をいうと、プラス20％すら思いつかなくても大丈夫。
　GIVEするものは、気持ちだけでも十分なんです。

　私的には、この校長先生のキャラ、プラス20ですけど（笑）。

> **Point** プラス20％でGIVE&TAKE。
> でも一番大切なのは、気持ちです。

3 「嫌い」な人がいない職員室に

発想の転換で楽しい職場に

★「嫌い」と言わない。どうしても無理なら、せめて…

　自慢ではありませんが（というフレーズは実はたいていの場合、自慢なのですが）、私には嫌いな人はいません。
　もうここ何十年もそうです。
　巨人が嫌いだとか、納豆が嫌いだとかはあるのですが、少なくとも身近にいる人やつきあいのある人の中に嫌いな人は一人もいないのです。
　実際、大人同士のつきあいになると、どうしても人生観や仕事に対する考えなどの違いで、馬の合わない人も出てきます。
　それでも、その人たちのことを「嫌い」ではないのです。
　こう書くと、なんだかすごい人間のような感じもしますが、実はちょっとした発想の転換があるのです。どうしても馬の合わない人のことを、私はこう思うようにしています。

❗ 嫌いではなく、苦手なタイプだと考える

　「どう違うの？」と、思った方もいるかもしれませんが、「嫌い」と「苦手」は全然違います。
　「あの先生、嫌い。」「あの先生は苦手なタイプ。」
　辞書的な意味はほとんど変わらないのですが、受ける印象が全然違うでしょう？

★ マイナスのオーラがより少ない考え方をしましょう

「苦手」という言葉に比べて、「嫌い」という言葉からは、すべてを拒絶するような、より積極的なマイナスのオーラを感じます。

マイナスのオーラは、本人が意識するしないにかかわらず、「相手の目を見ない。」「受け答えがぶっきらぼうになる。」など、何気ない普段の行動に出てきます。

すぐに、そのオーラは相手に伝わります。

このようなことで職員室の中にいい人間関係が築けるはずありません。**「嫌いな人」→「苦手な人」と頭の中で言い換えるだけで、マイナスのオーラは減少します。**

さらに、私の経験からいえば、実際に話していくと、「苦手な人」という感覚も徐々になくなっていくものです。

マイナス言葉をうけつけない。こんなパソコンあったらいいですね。

> **Point**
> 「嫌い」という言葉は、教師のNGワード。どうしても無理なら、せめて「苦手」という言葉に変換して。

4 自分だけの教科書づくり

教科書が教材研究の基本です

★ ベテランの先生は、なぜ簡単に授業ができるのか？

　教材研究をそんなにしてなさそうにみえても、ベテランの先生方がそれなりの授業をできるのには、やはり理由があります。
　一つは、子どもとの対応力が優れていることです。
　もう一つは、

❗ 教科書を読み込んでいる

ということです。(「教材研究をそんなにしてなさそう」なベテランの先生方でも、何十年間もの教師生活を過ごしていると、少なくとも授業中だけで何十回も教科書を読む機会があるのです。)
「子どもとの対応力を伸ばす」のは、一朝一夕にできそうにありませんが、「教科書を読み込む」方は、がんばればなんとかできそうです。
　まずは、教科書をしっかり読み込みましょう。
　それが、教材研究の第一歩です。
　読み込んだら、**次は教科書に書き込みをしていきます。**
　語句の意味、気づいたこと、疑問、文章上の解釈だけでなく、発問や指示も書き込んでいきます。
　この方法は、国語の教材研究ではおなじみですよね。
　でも、意外とほかの教科の教科書でおこなっている人は少ないようです。

もちろん、私は、社会や理科の教科書でもやっています。

★ さらに書き込む、そして、貼りまくる

教科書に書き込むのは、放課後だけではありません。
授業中にも書き込みます。
主に、子どもの発言です。

いつも手元にあるのが教科書です。座席表などわざわざ準備することもありません。

また、**授業で使ったプリントの縮小コピーやインターネットで調べたことをプリントアウトしたものなども教科書に貼っていきます。**

とくに、社会科の教科書は、いろいろな資料が貼り付けられかなり分厚くなっていくはずです。

いかにも教材研究をしたぞ!!　という感じがして、楽しくなってきますよ。まさに、自分だけのオリジナル教科書です。

ここまでくると、人生観360°変わりますね。（byガッツ石松）

> **Point**　教科書を読み込むのは、教材研究の基本中の基本です。書き込み、貼りまくってオリジナル教科書に仕上げましょう。

5 一枚ものにまとめよう

全体像が見える教材研究の方法

★ 教材文を打ち直すと、見えなかったものが見えてきます

　教科書に書き込みをするだけでなく、物語文や説明文などの教材研究では、教材文をB4（またはA3）一枚にまとめることもします。
　たとえば、6年生の物語文「やまなし」の場合、次のようになります。

　教材文を自分で打ち直すことによって、**読んでいるだけでは気がつかなかった点に気づくことがある**からです。

> ★ 一枚ものにすることで、流れが見える

　そして、この一枚ものの教材文に書き込みをしていきます。
　教科書への書き込みと違って、教材文すべてがB4一枚にまとまっていますので、ページをめくる必要もありません。
　教材文の全体像がわかります。
　一つの流れが見えてきますし、つながりもわかります。
　教材研究の前の素材研究としてはとてもいい方法です。（そして、ここでつくった一枚ものは授業にも使います。全体が見えるので、とくに国語が苦手な子に喜ばれます。）
　また、算数や理科・社会などの教科では教科書をコピーして、巻物のように貼りつけ一枚ものにして、教材研究をすることもあります。これも全体の流れを見るにはいい方法です。

まるで「魔法のじゅうたん」のように、全体が見えてきます。

> **Point** 一枚ものにまとめることで、全体が見えてきます。教材研究だけで終わることなく、授業にも使えます。

第5章　教師同士の絆が深まるとクラスもまとまる！……117

6 そうだ！図書館に行こう！

教師の調べ学習は図書館で

★ インターネットもいいけれど…

　教科書に書き込む。
　一枚ものをつくる。
　ここまできたら、わからないことや調べたくなることがいろいろと出てくるのが普通です。ここで教師の調べ学習が始まるわけです。
　ところで、子どもたちに調べ学習をさせる場合、どのような手順を踏んでいますか？
　私は、いきなりインターネットで調べさせることはまずありません。
　①教科書・副読本・資料集で調べる。
　②図書室に行って、関連図書をさがして、調べる。
　③まだ余力がある場合は、インターネットで調べる。
　私だけでなく、多くの先生方は、やはり紙媒体での調べ学習を重視しているのではないでしょうか。
　それなのに、教師自身は、①の後、いきなり③のインターネットで調べるという人が多いようです。
　時間がないのはわかりますが、やはり、教師も本で調べないといけません。じっくりと関連図書に当たってみることの大切さは、教師自身が子どもたちに語っているはずです。
　…ということで、**「教師も図書館に行こう！」**というわけです。
　本屋もいいですが、図書館には、本屋にない利点があるからです。

★ 図書館のかしこい利用法

　なんといっても、図書館のいいところは、「ただで本が借りられる」ということです。一つの単元のために、参考資料を10冊も20冊も買うのには勇気も財力もいりますが、図書館はただですので、本屋で買う時と違い、どの本を選ぶのか悩む必要はありません。

❗ とりあえず借りてみる。

　これでいいのです。借りてみて、役に立たなければ返せばいいだけです。仮に、まったく役に立たない本でもお金を出して買ったわけでもないので、腹も立ちません。

　また、**図書館の職員の方に相談するのもかしこい利用方法です**。すごく親身になって相談にのってくれますよ。

　でも、最近は、サイトから図書館にある本の検索・予約ができますよ。便利です。

> **Point**　地元の図書館に行きましょう！「とりあえず借りていく」ことによって、自分の世界も広がります。

7 A or B発問で、討論開始!

ひと手間くわえるプロの発問

★ 教材研究は、発問づくりで終結する

　さて、次はいよいよ発問づくりです。
　教材文の分析がいくらすごくても、そのままでは宝のもちぐされです。実際に授業をどう展開していくのかが問題になってきます。分析した成果をそのまま子どもたちに提供しても、子どもたちは反応のしようがありません。ひと手間加える必要があります。つまり、発問づくりということです。ここが、プロの教師としての腕のみせどころになります。
　では、どのようにして発問づくりの腕を上げていくのでしょうか。
　詳しく述べると、それだけで1冊の本になってしまうぐらい深い内容ですので、詳しく述べないで言うとこうなります。

❗ とにかく、たくさんつくってみる

　たとえば、向山洋一氏は、国語の場合、「教科書見開き1ページで100の発問をつくれ」と言われています。
　私も、子どもたちに作文指導をする時は、とにかくたくさん書くことを推奨しています。教師の発問づくりの腕を上げるのも、子どもの作文力をあげるのもまったく同じです。
　まずは、質より量ということです。

★ 私のお気に入りの発問

　私のお気に入りの発問を一つだけ紹介するとしたら、**A or B発問**です。
　お気に入りの理由は、**勉強が苦手な子でも得意な子でもすべての子どもが自分の立ち位置をはっきり認識できる**からです。最初は、直感でもかまいません。自分の意見を持つことによって、授業に対する当事者意識が出てくるからです。自分なりの根拠を持って答えている友だちの意見をしっかり聞こうという意識も強くなり、授業に対する心構えが変わってきます。A or B発問で、討論開始です。

（では A or B 問題です
先生はイケメンですか？
それとも男前ですか？）

（…それはギャグですか？
それとも冗談ですか？）

子どもたちが、ズバッと言ってくれるのも「信頼のパイプ」がつながった証拠…と考えましょう（笑）。

> **Point** 発問づくりは、教材研究での一番の力のいれどころです。さらに詳しく学びたい方は、そういう本を買ってください（笑）。

8 なんでもいいから記録に残そう

子どもを育てるための記録をとろう

★ やり方はなんでもいい！

　私は、ここ数年A5版の手帳を肌身離さず持ち歩いています。
　そして、そこに、子どもたちの記録などを書き込んでいます。
　誰かに見せるわけではありませんので、字も雑です。自分さえわかればいいというような書き方です。でも、それがいいのでしょう。子どもの頃、毎年、夏休みの終わる8月30日ぐらいになってから大騒ぎしていたような計画性および実行力のない私でも、ちょっとしたすきまの時間を見つけて、子どもたちの様子をほぼ毎日記録することができています。
　ほぼ毎日記録しているからこそ、後で見直した時に、
「冨宅くんは、こういう時に友だちとトラブルを起こすのか。」
「内藤さんは、4月にはこれができなかったけど、今は普通にクリアできているな。」
など、**新たな気づきがあり、その後の指導に生かせるのです。**
　やり方は、なんでもいいのです。

❗ 大切なのは、子どもの記録をとり続けていくということ

です。
　座席表でもかまいませんし、学級通信でもかまいません。

自分にあった方法でおこなえばいいのです。無理をすると必ずリバウンドがありますから。

★ いくら記録に残そうといっても…

休み時間などに、一生懸命、学級通信を書いている先生をたまに見かけます。今日あった出来事をできるだけ早く保護者の方々にお知らせしたいという気持ちからの行動でしょうが、あまりおすすめできることではありません。**やはり、休み時間は子どもたちと一緒にいてください。**もちろん、そうじの時間に学級通信を書くなんて、もってのほかです！

また、学級通信を書く際に気をつけなければいけないのが、子どもの名前を載せる時です。文章として残るものですので、細かい配慮をしておかないと、保護者との信頼関係を失う可能性も出てきます。教師が、よかれと思ってしたことが逆効果になってしまうこともあります。

子どもたちの成長を喜べるのは「教師の才能」がある証拠です。

> **Point** 自分にあった方法で子どもたちの記録を残していきましょう。記録を分析して、子どもたちにあった指導を考えていくのです。

9 家に帰ってからも教師であるべき

教師としてのアンテナは常にフル稼働!!

★ 24時間、教師であれ！

　これは何も、24時間中、子どもたちのことを考え続けなければいけないだとか、24時間中、教師らしいふるまい、格好をしなければならないとかいうことではありません。

❗ 常に、教師としてのアンテナを動かしておくということです。

　たとえば、流行っている歌や芸能人・ゲームなどについて知っていると、子どもたちとの会話に役立ちます。
　テレビのクイズ番組には、授業にも使えそうなネタがあります。
　読書や映画もそうです。意識して周りを見てみると、子どもの理解や授業に役立つ情報はゴロゴロしているのです。
　また、自分の趣味を極めていくことも、おすすめします。
　趣味によっては直接的に、その成果を子どもたちに返していけることもあるでしょう。また、そうでなくても生き生きとがんばっている教師の姿勢は、黙っていてもオーラとして間接的に子どもたちに伝わるはずです。悪いはずありません。
　教師の仕事がいくら忙しいといっても、大ヒット海外ドラマ「24」の主人公ジャック・バウアーのやっていることに比べれば楽なものです。**楽しみながら、教師としての人間力をアップさせてください。**

★ ひととおり仕事を覚えた後が本当の勝負です

　教師という職業は、新任から、5、6年ほど一生懸命がんばれば、ひととおりの仕事はできるようになります。若さという武器もあります。このような本を手に取るぐらい熱心な方なら、子どもたちや保護者からの信頼も厚いことでしょう。

　しかし、そこからが本当の勝負なのです。若さという武器は年々なくなっていきます。それをカバーしていくだけの教師の腕が必要なのです。

　ひととおり仕事ができるようになったからといって、楽な道を選んでいると、気がついた時には手遅れになっているかもしれません。

　私自身も、まだまだ学び続けています。

　笑顔で共にがんばりましょう！

終わりよければ、すべてよし！　ハッピーエンドで一日をしめくくりましょう。

Point いつも笑顔で子どもたちの前に立てる教師でいるためには、日々の過ごし方も大切です。毎日が、教師修行なのです。

COLUMN 5
子どもの書く力を育てるために

◆ **質よりも量！　まずは、たくさん書けることをめざします**

　子どもの学力アップには、「書く力」がどうしても必要です。

　しかし、高学年ともなると「書く」ことに対して、苦手意識を持っている子がいます。

　まずは、その苦手意識を払拭してあげるのが、指導の第一歩となります。

　そのためには、「質より量」。

　学期はじめは、とくに量にこだわって指導するのです。

「5年生だから、5分あれば5行は書いてほしいな。」

　1分あたり1行を目安とします。（ちなみに、「5年生だから」というのは、あまり関係ありません。2年生でも「2年生だから、5行は…」と言っています・笑）

　朝のスキルタイムで鍛えているので、5分ぐらいなら集中力も続きます。しかも、到達目標がはっきりしているので、子どもたちも一生懸命取り組みます。

　5行書けたら、「花丸」、8行書けたら「花丸葉っぱつき」（詳しくは、丸つけのページ参照）のように、**書いた量の分だけ、子どもたちにも見える形で評価してあげます**。これで、子どもたちのモチベーションはアップ。ただし、この5行というのは、あくまでも目安です。3行や4行で終わってもかまわないのです。昨日（前回）より一文字でも多く書けていれば、そのがんばりを認めてあげます。

◆ **「書く」ことに対して抵抗がなくなってきたら、次の一手！**

　「書く」ことに対する抵抗感がなくなってきたら、次の一手を打ちます。

　いろいろなおもしろネタを紹介してあげるのです。

　子どもたちが喜んで書くネタの一つに「うそ日記」というものがあります。

その名のとおり、うそ（フィクション）の創作日記です。このうそ日記、子どもたちは大好きです。大きなうそを書く子もいれば、どこにうそがあるのか気づかないような小さなうそを書く子もいて、読んでいる方も楽しくなってきます。

　また、この「うそ日記」の発展形として、「未来日記」というものもよく書かせます。遠足や運動会前など何か行事がある前に書かせることが多いです。未来の出来事を想像して書くという日記です。たいてい「大成功！」という内容になります。その日の手順を確認することができる上、プラスのイメージトレーニングにもなり、一石二鳥です。

　最初は、とにかく「質より量」！
「書く」ことが楽しくなってくれば、質も上がってきます。

あとがき

　最後までおつきあいくださり、ありがとうございました。
　いかがでしたか？
　楽しんでいただけましたか？

　私の好きな言葉に、次のようなものがあります。
「相手がワルツを踊れば私もワルツを踊り、ジルバを踊れば私もジルバを踊る。（ニック・ボックウィンクル）」
　これは、相手のスタイルに合わせて、つまり相手の持ち味を十分に引き出すのが私の役目、という意味です。
　もちろん、私は教師ですから、この言葉を教育に置き換えて考えます。「相手」はもちろん「子ども」です。
　つまり、目の前の「子ども」ありきということです。
　ところで"「must be〜」シンドローム"ってご存じですか？（ご存じないですよね、俵原の造語ですから。笑）
　たとえば、
「私は、○○という教育団体に入っているから、○○方式でないといけない。」
「師匠の□□先生は、このような場合、□□していた。私もそうせねばならない。」
というような考え方にとりつかれてしまうことです。
　この"「must be〜」シンドローム"にかかってしまうと、目の前の子どもたちが見えなくなってきます。
　子どもたちが見えていないのですから、うまくいかないことも多くなってきます。そして、最後には、うまくいかない理由を、自分ではなく子どもや親、地域のせいにしてしまうのです。
　実は、まじめに、熱心に勉強している先生ほど、この病気にかかり

やすいのです。

　なぜ「あとがき」にこんなことを書いているのかというと、「この本に書かれていることも同じだよ。」ということが言いたいからです。
　たわせん学級でうまくいっていることも、もしかしたら、自分の学級ではうまくいかないかもしれません。
　そんなときには、まず自分のクラスの子どもをしっかり見て考えてほしいのです。
　それこそ、楽観的・客観的に。

　ただ、これだけは決まっています。
　"GOALは、HAPPY ENDに決まっている。"
　あなたの教師人生は、これからもきっと楽しいはずです。

　最後になりましたが、出版にあたり、ご尽力いただいた学陽書房の山本聡子さんと駒井日向さん、すてきなイラストを描いていただいた大枝桂子さんに感謝します。
　ありがとうございました。

2011年春
俵原　正仁

● 著者紹介

俵原 正仁（たわらはら　まさひと）

1963年、兵庫県生まれ。通称"たわせん"と呼ばれている。
兵庫教育大学を卒業後、兵庫県の公立小学校教諭として勤務。現在に至る。
新任の頃、「教室を学習のワンダーランドにしよう！」と、ある教育雑誌の論文に書き、良識ある先輩から「ワンダーランドって…（笑）」とつっこまれる。この「教室ワンダーランド化計画」は、その後、若干姿を変え、「子どもの笑顔を育てよう」「笑顔の教師が笑顔の子どもを育てる」という『笑育』なるコンセプトに進化する。そのユニークな実践は、朝日新聞、朝日放送「おはよう朝日です」などマスコミにも取り上げられた。教育雑誌に執筆多数。近著『授業の演出ミニ技アラカルト』（小学館）教材・授業開発研究所「笑育部会」代表。

なぜかクラスがうまくいく教師のちょっとした習慣

2011年3月20日　初版発行
2019年2月25日　11刷発行

著　者	——	俵原　正仁
発行者	——	佐久間重嘉
発行所	——	学陽書房

〒102-0072　東京都千代田区飯田橋1-9-3

営業部 ―― TEL 03-3261-1111 ／ FAX 03-5211-3300
編集部 ―― TEL 03-3261-1112
　　　　　　振替口座　00170-4-84240

カバーデザイン／笠井亞子　本文デザイン／佐藤博
本文DTP制作／岸博久（メルシング）　イラスト／大枝桂子
印刷／文唱堂印刷　　製本／東京美術紙工

Ⓒ Masahito Tawarahara 2011, Printed in Japan. ISBN978-4-313-65212-5 C0037
※乱丁・落丁本は、送料小社負担にてお取替え致します。